Sie wissen, was ich meine …

Sie wissen, was ich meine …

Gedichte von Friederike Kempner

Mit zwanzig farbigen Zeichnungen

und zehn schwarzweißen

Vignetten von Dieter Kliesch

Büchergilde Gutenberg

Frankfurt am Main, Olten und Wien

Meiner verewigten Mutter, der Frau Rittergutsbesitzer

MARIE KEMPNER geb. Aschkenasy

Vorwort

Das waren Tage des Glückes, als ich diese Gedichte einzeln schrieb, und jedes derselben, noch kaum entstanden, ihr vorlas.

Ist's möglich, daß solch reine Wonne gleich einem Schatten vorüberziehen, oder gleich dem Untergange der Sonne nichts als ein in Gluth getauchtes Roth – die Spur ihres leuchtenden Weges – zurücklassen kann?

Doch auch die Sonne geht nicht wirklich unter, und auch ihr reines Bild lebt hinter dem Vorhange unsrer Zeitlichkeit, und lächelt am Ufer dem noch auf den Wellen Spielenden . . .

Die Verfasserin

Vorwort zur zweiten Auflage

Wenn ich der zweiten Auflage meiner Gedichte einige Worte voranschicken soll, so sind es Worte des Dankes an die liebe Lesewelt, welche der ersten Auflage ein so reges Interesse entgegenbrachte, daß nach so kurzer Zeit eine zweite nothwendig geworden ist.

Es freute mich unbeschreiblich, daß aus allen Gegenden Deutschlands, von nah und fern, Anfragen und das Verlangen nach diesen Gedichten an mich schriftlich ausgesprochen wurden. Ich bin stolz darauf und ganz besonders davon gerührt, daß alle Farben und Parteien dabei vertreten waren; scheint es doch, als wenn Jeder im Innern fühlte, daß es Aufgabe und Ziel der Poesie ist: die Wahrheit für Alle zu veranschaulichen, – und durch ihren Sieg dereinst Alle zu versöhnen.

Friederikenhof, 1882 *Die Verfasserin*

Vorwort zur dritten Auflage

Der dritten Auflage meiner Gedichte, denen ich viele neue hinzugefügt, schicke ich einige Worte des freudigsten Dankes voraus: Dank der liebenswürdigen Lesewelt, welche die 2. Auflage – 1882 erschienen – schon im Mai 1883 vergriffen hatte!

Möge dieser dritten dieselbe Gunst zu Theil werden, eine Gunst, die das Glück und den Trost der Verfasserin ausmacht.

Breslau, im April 1884 *Die Verfasserin*

Vorwort zur vierten Auflage

Nachdem die dritte Auflage dieser Gedichte, denen ich eine Anzahl neue zur vierten Auflage beifüge, in etwa vier Monaten vergriffen, kann ich nur meinen lebhaftesten Dank wiederholen und nochmals sagen, daß dieses Wohlwollen und diese Sympathie mich rührt und wahrhaft beglückt. Ja, das Bewußtsein, meine Gedanken getheilt zu wissen, erhebt mich zu der freudigen Erwartung, daß auch meine humanen Bestrebungen sich in die Herzen der Menschen immer mehr Bahn brechen und den Sieg über Inhumanität und Unverstand davon tragen werden.

Berlin, im November 1884 *Die Verfasserin*

Vorwort zur fünften Auflage

Ich habe bei dieser fünften Ausgabe meiner Gedichte wiederum für das überreiche Wohlwollen, welches der vierten Auflage zu Theil geworden ist, nur zu danken. Es fehlte freilich auch nicht an anonymer Feindschaft, ja an Haß und Verfolgung niedrigster und widrigster Art, und wie mancher Beherrscher von Rußland, sah ich mich fast täglich von anonymen Briefen heimgesucht, eine Ehre, die ich gar nicht erwartet hätte, die ich aber zu würdigen wußte. Denn giebt es in der That ein einziges Streben oder eine einzige Schrift, welche Etwas will und nicht angefeindet worden wäre?

Und so kam ich zu der Überzeugung, daß denn doch hie und da ein vorurtheilsloses, harmloses Gedicht, ein humaner Gedanke, objektiv zur Anschauung gebracht, frei von aller Parteilichkeit, gezündet, d. h. manchen Bösewicht aufgestachelt haben müsse, so daß er zu Dynamit und Gift greifen wollte. Aber Dynamit und Gift sind schlechte Waffen, die sich überlebt haben, und die unparteiische Wahrheit trifft Beides nicht, und so hat denn das liebenswürdige Publikum diese gemeinen Angriffe kaum seiner Entrüstung gewürdigt und in seiner reichen Gunst sind die Gedichte ein bleibendes Buch geworden.

Friederikenhof, den 12. Oktober 1887 *Die Verfasserin*

Zur sechsten Auflage

Mit regem Dankgefühl
Send' ich euch wiedermal
Euch Blätter ohne Zahl
Ins menschliche Gewühl;

Bringt meinen Gruß der Welt
Und habt ihr ihn bestellt,
Verfolget euer Ziel
Und – gleichsam wie im Spiel. –

Verkündet allzumal:
Auf Bergen und im Thal,
In Hütte und Königssaal,

Der Schönheit Ideal
Der Wahrheit Erz und Stahl
Der Tugend Götterstrahl!

Friederikenhof, im Januar 1891

Die Verfasserin

DIE GEDICHTE

Abdel-Kaders Traum

Wolkenloses himmlisches Gewölbe,
Unter grünen Palmen Purpur-Zelt
Eine Reiter-Karavane hält,
Auf dem Boden Wüstensand, der gelbe.

Krachend unterirdisches Gewölbe,
Fünfzehnhundert Leichen, tief entstellt,
Jede Leiche war ein wackrer Held,
Speit die Flamme rasselnd aus, die gelbe.

Solch ein Traumbild Abdel-Kader grüßte,
Trunken er der Heimath Boden küßte:
»Allah, Allah«, ruft er, »meine Wüste!

Pellipssier, Dein fürchterlicher Brand!« –
Plötzlich sich der Held im Traum ermannt,
Seine Blicke trafen Kerkerswand!

Das Vöglein

Vöglein, Vöglein mit den Schwingen,
Mit den Äuglein schwarz und klein,
Laß uns miteinander singen,
Laß uns liebe Freunde sein!

Vöglein hüpfte auf den Bäumen,
Endlich es mit Sang begann:

Du kannst nur von Freiheit träumen,
Dich seh' ich als Fremdling an!

Mensch, auch Du hast Deine Schwingen,
Äuglein hell und klar und rein,
Könntest Freiheit Dir erringen,
Dann erst laß uns Freunde sein!

Antibrüderlichkeit

Sterne, könnt ihr freundlich glänzen,
Wenn das Unerhörteste geschehen,
Könnt ihr gleichgültig herniedersehen,
Wenn das Böse sie bekränzen?
Wenn ein Funke in euch sprühet,
Sterne lodert auf in helle Flammen,
Nur mit Flammen könnet ihr verdammen,
Was auf Erden hier geschiehet!

Und Du Erde, stille, kalte,
Birgst in Tiefen Du nicht Feuerschlünde?
Hast Du keine für die ärgste Sünde?
Rüttle Dich, Du kräft'ge Alte!
Spei sie aus mit einem Zuge,
Unterwelt und heil'ges Himmelsfeuer,
Schlag zusammen über Ungeheuer,
Und geheuer wird's im Fluge!

Motto

Sei ein Mensch, hab ein Herz
Unter Millionen,
Wie ein Fels, wie ein Stern,
Stehe fest, leuchte fern,
Setz die Welt in Staunen!

Sei ein Mensch, hab' ein Herz
Für die Millionen,
Wenn's der Thor auch Wahnsinn nennt,
Weil er keine Weisheit kennt,
Kannst Du drüber staunen?

Sei ein Geist, schür die Gluth
Unter Millionen,
Selber heiß, selber glüh,
Fürchte nie, raste nie,
Setz die Kraft in Staunen.

Sei ein Geist, schür die Gluth
Unter Millionen,
Laß auf Erden eine Spur,
Ahne sie und lächle nur,
Es giebt sichre Kronen.

Sei ein Geist, schür die Gluth
Unter Millionen,
Wie am Himmel still ein Stern,
Wirke lächelnd, scheide gern,
Alles wird sich lohnen!

Der Invalide

Ein alter Mann mit grauen Haaren,
Tiefbraun von Hand und Angesicht,
Aus dem, so stark die Glieder waren,
Hohnfrei ein stilles Lächeln spricht.

Mit blauen Augen, sanft, voll Leben,
Wie mancher friedlich deutsche Strom,
Und wie die Heil'gen sie erheben
Im stolzen Vatikan zu Rom.

Es spielt auf off'nem Markt die Leier,
Der arme, alte Invalid',
Von trüber Zeit, von alter, neuer,
Singt er dazu ein hübsches Lied:

»Öd' und verlassen
Nah' ich dem Grab,
Spielet ihr Lüfte,
Sanft mich hinab!

Viel hab' ich gelitten,
Gekämpft und gestrebt,
Für Deutschland gestritten,
Für Deutschland gelebt.

Und eifrig that lieben
Ich Menschen und Gott,
Die Menschen, sie blieben
Mir fern in der Noth!

Öd' und verlassen
Nah' ich dem Grab,
Spielet ihr Lüfte,
Sanft mich hinab!«

Viel' Leute gehn an ihm vorüber,
Die meisten sehen gar nicht auf,
Sein sanfter Blick wird trüb und trüber,
Doch spielt er immer wacker auf.

Der Abend naht, die Sonne sinket,
Der Alte packt die Leier ein,
Im Auge eine Thräne blinket,
Er seufzt: »Man soll zufrieden sein.

Ich dachte heute nicht zu fasten
Und hofft' auf frisches Lagerstroh!
Komm, alter, lieber Leierkasten,
Man denkt, doch geht's nicht immer so!

Es waren freilich kühne Pläne,
Doch niemand hat mich angeschaut,
Man zahlt nun nicht mehr solche Töne:
Was fang' ich an in meiner Noth?

Und«, spricht er stockend und verlegen,
»Ich weiß nicht, red' ich Jemand an?
Es ist an mir nicht viel gelegen,
Doch ganz man nicht verhungern kann!

Herr«, fleht er endlich einen Reichen,
»Sie borgen wohl acht Pfenn'ge mir?«

»Mein Freund, man borgt nicht eures Gleichen,
Und Bettlern geben selten wir.«

»Als Bettler ward ich nicht geboren,
Ein Bettler wird man erst alsdann –
Lehrt sanft der Greis den tauben Ohren,
Wenn man sich nicht mehr helfen kann!«

Ein Knabe zieht die Straß' herunter,
Mit Rosenbüscheln zum Verkauf,
Der kleine Proletarier, munter,
Horcht bei des Alten Stimme auf.

»Herr«, spricht der Knabe sehr verlegen,
»Ich hab' den Greis zwar nie gekannt,
Doch, wenn Sie einen Argwohn hegen,
So bleib' ich Ihnen gern zum Pfand!

»Der arme Mann«, fleht er mit Beben,
»Er spielt den ganzen Tag schon hier,
Und kann die Arme kaum mehr heben,
Etwas verdient er schon dafür!

»Erbarmen Sie sich seines Lebens,
Er bringt das Geld schon morgen her« –
So fleht der Knabe, ach vergebens,
Der harte Reiche hört nichts mehr.

»Hört«, spricht zum Invalid' der Knabe,
»Ich bind' ein Sträußchen für Euch los,
's ist freilich eine kleine Gabe,
Doch dies allein besitz' ich bloß!«

Es wankt der Greis in seine Wohnung,
Wirft matt sich auf das faule Stroh,
»Ach« – seufzt er bitter – »ohne Schonung
Behandelt man den Armen so?«

Die Nacht ging langsam ihm vorüber,
Es auf dem kalten Boden graut,
Da leuchtet wunderbar herüber
Ein herrlich lichtes Morgenroth.

Die Leier lag zu seinen Füßen,
Und dicht das Sträußchen rosenroth,
Der schöne Kopf auf grobem Kissen:
Der brave Invalid' war todt.

Holdes Blümlein, Du willst nützen?
Auf der weiten grünen Au?
Sieh, die Sonne scheint so golden,
Und der Himmel, er ist blau!

Hohe Pläne, kühne Pläne
Werden Dir das Blut erhitzen,
Holdes Blümlein, um Dich schau:
Pläne werden meistens grau.

Röselein sich tiefer bückte:
Was das kleine Herz entzückte,
Kalter Zweifel will's ihm rauben!

»An das Schöne will ich glauben«
– Sprach es – »ob auch Blättlein sich entlauben!«
Und dem Röslein Alles glückte.

Auf und nieder steigt die Welle,
Auf und nieder steigt die Nacht,
Und der Sterne Glanz und Pracht
Wechseln mit des Tages Helle.

Ew'ger Wechsel, Nacht und Helle,
Grüne Matten, dunkler Schacht,
Sprich, was siehst Du auf der Wacht?
Steigend auf die festen Wälle?

Moder, aus den Grüften,
Blumendüfte in den Lüften,
Manchen Geist, ach, schwergeprüften.

Eine Welt, die alles preist,
Was da Glanz und Schimmer heißt,
Und das Böse vorwärts reißt!

Geschichte

Tiefe Nacht und lange Schatten
Über Land und über Meer,
Auf Europa's sumpf'gen Matten
Tanzt das Irrlicht hin und her.

Kohlengluthen auf dem Heerde,
Gluthen in des Menschen Herz,
Der mit gleichgült'ger Geberde,
Schmiedet seiner Ketten Erz.

Finst're Nacht und lange Schatten,
Thrän'n und Blut auf jedem Steg,
Auf Europa's düstern Matten
Geht die Schlange ihren Weg.

Und es steigen aus den Tiefen,
Mit dem greisen Haupt und Haar,
Ungeheuer, die sonst schliefen,
Lautlos naht die Schreckensschaar.

Flammen zischen, Ströme brausen,
Tritt aus Deinem Ufer aus,
Meer, verwüste und mit Grausen,
Unsrer Erde grünes Haus!

Gegen die Einzelhaft

Allein, allein – doch nicht auf freier Erde,
In einer Zelle düst'rem Raum allein –
Dämonen steigen auf im engen Schrein,
Als Ton ein Schrei, – als Bild wahnsinnige Geberde.

Nacht – Tag – Nichts – Nichts; die Zeit, sie stehet stille,
Das Herz steht gleichfalls still – im Innern lebt's,
Von Außen Eis und Tod, im Innern bebt's
Im Innern kocht und bäumet sich des Menschen Wille!

Des Menschen Wille! Groß und Furien ähnlich,
Kleinmüthig, schwach! Barmherzigkeit, ich fleh':
Werft mich hinab in schäumend wilde See,
Nach raschem Tod, nicht nach lebend'gem Grab begehr' ich sehnlich!

Vom schroffen Fels stoßt mich mit Menschenhand hinunter!
Laßt mich dabei ein einzig Menschenantlitz sehn, –
Ertödtet nicht den Blick – die Sonne bleibt am Himmel stehn,
Die Sinne, die gemordet, gehn für immer unter!

Der Kontrast

Im feinen weißen Spitzenkleide,
Im braunen Haar Kamelienkranz,
Steht heut Madam', 'ne Augenweide
Macht Toilett' beim Kerzenglanz.

Vier Hände sind bemüht zu schmücken
Ihr selig lächelnd Angesicht,
Ihr Dies und Jenes recht zu rücken,
Und auch die ihrigen ruhen nicht.

Sie geht zum Ball, und dreist ich sage,
Die Frau ist reizend, wunderschön,
Daß sie gefällt, ist keine Frage,
Das muß ihr selbst der Neid gestehn!

Wenn auch nicht eingehüllt in Flimmer,
So spielt doch fast dieselbe Scen'
Ihr Herr Gemahl im Nebenzimmer,
Der freilich etwas minder schön.

Sehr fein ist seine Toilette,
Reich glänzt der Ring an seiner Hand,
Er putzt die goldene Lorgnette,
Steckt seine Zigarre in Brand.

Er ist schon fertig, spricht mit Würde:
»Der Wagen steht für uns bereit,
Du bist sehr schön, genug der Zierde,
Mein Kind, es ist die höchste Zeit!«

»Wie glücklich bin ich«, ruft sie leise,
»Auch ich«, sagt lauter ihr Gemahl,
»Es macht mich Deine Art und Weise
Sehr stolz auf meine gute Wahl!«

»Komm« – spricht er, froh an Faro denkend, –
»Dir Alles, Alles herrlich steht« –
Und seinen Kopf bedenklich senkend –
»Wir kommen wahrlich heut zu spät!«

Nur noch das Halsband mit Demanten,
Nur noch die Broche mit dem Opal,
Das Taschentuch mit den Brabanten,
Den Blüthenstrauß und dann den Shawl!

Zu End' ist nun die Toilette,
In Wahrheit ein possierlich Bild,
Solch Thorheitseifer um die Wette,
Stets aus beschränktem Geiste quillt.

So jung, so schön, so voller Freuden,
So voller Anmuth und so reich,
Eilen hinunter nun die Beiden,
An Eleganz sich selber gleich.

Die reichen Menschenkindchen träumen
In dem Moment von Unglück nicht,
Da sieh, sich scheu die Rosse bäumen
Vor eines Mannes Angesicht.

Ein armer Mann, die Stirn voll Falten,
Mit stierem Aug' und hohler Wang',
Mit Lippen, dünnen, bleichen, kalten,
Die schon vertrocknet schienen lang;

Stand an des heitern Hauses Schwelle,
Verhungert und erstarret fast,
Der Mond beschien an jener Stelle
Das Elend unter seiner Last.

»Ich fleh'« – spricht er – »um ein Almosen«,
Und küßt der schönen Frau die Hand,
Sein schwacher Kuß drückte die Rosen,
Die an des theuren Handschuhs Rand.

»Mein Freund«, sagt sie mit kalten Mienen,
Erzürnt durch diese Frevelthat,
»Ich habe keine Zeit zu Ihnen,
Ob Robert etwa Kleingeld hat?«

Robert zieht nun den vollen Beutel,
Wie herrlich glänzt darin das Gold,
Doch all sein Suchen war nur eitel,
Denn Wen'ges war's, was er gewollt.

»Halt, halt, gieb etwas jenem Armen«,
Herrscht nun der Herr den Kutscher an,
Des Letzteren Blick fällt voll Erbarmen
Und Grauen auf den armen Mann.

Er greift hinein in seine Taschen,
Zwei- und Viergroschen sind darin.
Schnell sucht er beide zu erhaschen,
Und wirft sie rasch dem Armen hin.

»Hier Bruder, sind sechs Groschenstücke,
s'ist Alles, was ich geben kann
»Und« – sagt er sanft mit feuchtem Blicke –
»Fragt manchmal dort im Giebel an!«

Jetzt rollte fort der rasche Wagen,
Der Kutscher wischt ein Aug' sich ab:
Er denkt an all die großen Fragen,
Die solch Kontrast zu lösen gab.

Die Knaben

Wie Du so viel Thränen weinst!
Ziehest fort, Du lieber Freund,
Seh'n wir uns auch wieder einst?

Weit zieh' ich, weit übers Meer,
Und ob wir uns wiederseh'n:
Zweifle, zweifle ich gar sehr! –

In die Länder ziehst Du hin,
Wo's so schön und schwül soll sein?
Kennst Du auch die Kinder drin?

Nach Amerika geht's hin,
Drückend heiß soll es dort sein,
Und ein Fremdling dort ich bin!

Mach das Herz mir nicht so schwer,
Einstens seh'n wir uns noch, ja:
Einstens kommst Du wieder her!

Laß mich schau'n Dir ins Gesicht,
Denn wenn wir uns wiedersehn:
Kinder sind wir dann doch nicht!

Das Mütterlein

Was siehst Du, Kind, im Mondenschein?
Ein Mütterlein am Wegestein,
Viel Tausend Falten auf Stirn und Wang'!
Ihr scheinet, ach, so weh, so bang!
Viel Tausend Zähren sie leise verschluckt,
Das matte Haupt zur Erde gebuckt.

O, weine nicht, armes Mütterlein,
Es blinkt so hell der Mondenschein!
Die gold'nen Ähren auf Berg und Thal,
Sie bücken und grüßen Dich allzumal!
Und bis auf das kleine Goldkäferlein,
Kann Alles nicht schöner und prächtiger sein.

Wohl blinket so silbern der Mondenschein,
Doch düster und eng ist mein Kämmerlein,
Für mich wächst nichts auf dem grünen Feld,
Dem meine Hände den Acker bestellt!
Ach freilich konnt' es nicht anders sein,
So seufzet das arme Mütterlein.

Was sieh'st Du, Kind, im Mondenschein?
Ich seh' die grünen Hügelreih'n,
Die goldnen Ähren auf Berg und Thal,
Sie grüßen und laden die Alte zum Mahl!
Die Stirne in Händen sie mächtig sinnt,
Und Thräne auf Thräne zur Erde rinnt.

Fanatismus und Geld

Auf der Kette wohlverschlung'ner Berge
Steh'n zwei Gnomen, stolz und mächtig groß,
Tausend Riesen knien vor jedem Zwerge,
Ihre Arme müßig bei dem eignen Loos;
Nur wenn jene Gnomen es gebieten,
Eilt die Arbeit, daß die Funken sprühten. –

Jedem Zwerg ist unterthan die Erde,
Krüppelhaft gestaltet sich die Welt,
Riesen wurden eine staub'ge Heerde,
Vor den Gnomen: Fanatismus, Geld!
Geist'gen Arme schüttelt eure Kette,
Und der Gnome wird zur Brandesstätte.

Immergrün

Immergrün trotz Zeit und Wetter,
Pflänzchen zart und fest und schön,
Smaragdfarben Deine Blätter,
Könntest bei den schönsten stehn!

Denn der Freieste von Allen,
Dessen Blick man nie bestach,
Rousseau fand an Dir Gefallen,
Ward gerührt, wenn er dich brach.

Wenn er Deinen zarten Stengel
Selten froh in Händen nahm,
Zagend, forschend, suchend Mängel,
Und zum Vorschein keiner kam!

Pflänzchen, liebstes mir von Allen,
Ewig bleibst Du theuer mir:
Rousseau konntest Du gefallen,
Dank für seine Freuden Dir!

Wie ist das deutsche Vaterland?

Sieh, das Haus ward mir zu enge,
Und es trieb mich in die Welt,
In des Thales dunkle Gänge,
Wo sich's wie im Traum verhält.

Rebenhügel, Tannenwälder,
Mitten hin des Stromes Band,
Schmucke Auen, Weizenfelder,
Schönes deutsches Vaterland!

Zu den blankgeputzten Hütten
Droben auf der Bergeshöh',
Zog es mich mit raschen Schritten
Und verwundert still ich steh'.

Eine Stimme ruft von innen,
Eine Stimme klar und hell:
»Guter Jüngling, geh von hinnen,
Schreit nicht über diese Schwell'!

Steig auf Burgen, steig auf Zinnen,
Sieh' von außen an das Land,
Was Du sehen kannst da drinnen,
Es verwirrt Dir den Verstand.

Unsrer Hütten trübe Weise
Paßt nicht zu der schmucken Au,
Guter Jüngling, wirst zum Greise,
Und Dein Lockenhaar wird grau.«

Blümlein ranken um die Mauer,
Schön bepflanzt von welker Hand,
Und benetzt von Thränenschauer
Grünt das deutsche Vaterland!

Drei Schlagworte

Wie heißt das Wort, das in der halben Welt
Man gleichbedeutend mit dem Gelde hält,
Doch mit dem Geld, das stets im Säckel bleibt,
Und schon von selbst die besten Zinsen treibt?
Es ist, es heißt, die, die, die, die,
Die theure Bourgeoisie!

Wie heißt das Wort, das in der halben Welt
Man gleichbedeutend mit dem Elend hält,
Doch mit dem Elend, das mit wack'rem Muth
Die schwere große Arbeit thut?
Es ist, es heißt, der, der, der, der,
Es heißet: Proletarier!

Wie heißt das Wort, das in der halben Welt
Man gleichbedeutend mit Utopien hält,
Doch mit Utopien, ähnlich Morgenlicht,
Das hell und warm zu jedem Herzen spricht?
Es ist, es ist mein Ideal,
Das große Wort, es heißt: social.

Das Wunderlieb
oder
Die Bucht in Wöckelsdorf

Tief unten zwischen Bergen
Da liegt ein Fischerkahn,
Den lenkt das Wundermädchen,
Die 's Vielen angethan.

Ihr Aug' so blau und stürmisch,
Wie aufgeregte Fluth,
Halb traurig und halb schaurig
Still auf der Gegend ruht.

Der braunen Flechten Länge,
So groß wie Schilf im Fluß,
Drauf, sagt man, drückt die Nixe
Allnächtlich einen Kuß.

Den Strohhut auf den Haaren,
Das Ruder in der Hand,
So fährt sie auf und nieder
Doch niemals bis an's Land.

Die Thränen in den Augen
Der Jungfrau sind erstarrt,
Und ihre weißen Arme
Sind Marmor, kalt und hart.

Den Jüngling faßt Entsetzen:
Das Wunderliebchen sein,
Der Nachen samt dem Ruder
Und alles ist von Stein.

Es dunkelt auf den Bergen,
Des Fischerkahns Gestalt
Samt Jüngling und samt Jungfrau
Umschlingt die Tiefe bald.

Das schöne Wundermädchen
Samt Ruder und samt Boot
Sind noch in Stein zu sehen, –
Den Jüngling fand man todt.

Rhoswitha

In stiller Klosterzelle saß
Ein ernstes Frauenbild,
Tief eifrig schrieb und dacht' und las
Rhoswitha, sanft und mild.

Ein dunkel härenes Gewand
Bis an den Hals sie trägt,
Ein großes Buch von Pergament
Liegt vor ihr aufgelegt.

Der Polterabend

Herab von seiner stolzen Feste
Lehnt sich ein Rittersmann,
Tief unten aus dem Felsengrunde
Schwingt's lautlos sich hinan.

Schwarzbraune Locken auf dem Nacken,
Rothsammtnes Prachtgewand,
Den erznen Panzer um die Hüfte,
Das Visir in der Hand,

So lehnt er an dem Erkerfenster
Im hochzeitlichen Schmuck,
Was stierst Du, Ritter, in die Tiefe
Das Irrlicht zeigt nur Trug!

Ruht Laura nicht im stillen Grabe?
Kein Schatten kehrt zurück,
Vergiß die Schuld, zum Hochzeitsmahle
Ruft bald Dein froh Geschick!

Ha, immer stiert er noch herunter,
Den feur'gen Blick hinab,
Das Irrlicht steht an jener Stelle,
Wo sie den Tod sich gab.

Sein Grund ist leer, o weh, der Schrecken!
Was singt dort am Gestein?
Was schwingt sich hoch von Fels zu Felsen
Im weißen Heil'genschein?

»Noch grauet nicht Dein Hochzeitsmorgen,
Noch schaust Du nicht Dein Glück,
O, harter Ritter, schau lieb' Laura,
Ihr Schatten kehrt zurück!« –

Den stolzen Mann erfaßt ein Grausen,
Als er das Lied gehört,
Von Geisterarmen fortgerissen
Er in den Abgrund fährt.

Horch, da ein namenloses Poltern
Im felsigen Gestein,
Als wenn auf einmal tausend Donner
In's Burgthor schlügen ein.

Drum soll am Abend vor der Hochzeit
Ein Polterabend sein
Denn, heißt es, wo viel Licht und Freude
Wagt sich kein Geist hinein.

Wirklichkeit

Grüne Matten, Staub und Asche,
Menschenauge, schön und groß,
Ist es wahr, daß solchem Glanze
Drohet der Vernichtung Loos? –

O verwesen und vernichten!
Doch Vernichtung ist es nicht
Nur verpuppen wie die Raupe
Soll der Mensch sein Angesicht.

Sag, was ist Dir, süßes Kindchen,
Und was widert jetzt Dich an?
Macht's die Ähnlichkeit der Raupe,
Daß Dir geht ein Ekel an?

Süßes Kindchen, Menschenräupchen,
Mach kein bitterbös Gesicht,
Und verbitt're drum das Leben
Deinen Mite-Raupen nicht. –

Der Misanthrop

O Einsamkeit, Du stilles Land,
Der Träume und des Friedens Du,
Die Dankbarkeit mich Dir verband,
Dir dank' ich meine süße Ruh'!

Du gabst mir wieder alles das,
Was ich verloren hielt,
Die Liebe, die ich schon als Haß
In meiner Brust gefühlt.

All das, was Edles ich geglaubt,
Dir dank' ich's nun allein,
Den Glauben mir nun keiner raubt,
Denn einsam will ich sein!

Wer weiß, ob nicht in jener Welt
Ein Geist wird einsam sein,
Ob jedem Geist nicht eine Welt
Beschieden auch wird sein.

Es lebe stille Einsamkeit!
Du gabst mir süße Ruh!
Ich weihe mich der Dankbarkeit,
Mein einziger Freund sei'st Du.

Fernweh

Gold'ne Sonne mit den Strahlen,
Komm und nimm mich an Dein Herz
Und von Deinem Licht getragen,
Steige mit mir himmelwärts!

Zeige mir dort Deine Wesen,
Deinen großen Wunderraum,
Und damit ich's nicht verrathe,
Laß mich's schauen wie im Traum!

Oder nimm mich in die Höhe
Nur ein tausend Meilen mit,
Daß von dort aus ich es sehe,
Wie die Erde klein aussieht!

Die Heimchen

Hörst Du, wie die Heimchen zirpen?
Wird es Dir nicht heimlich so?
Ist es nicht, als wenn Dir riefen
Freundesstimmen irgendwo?

Düst're Nacht im Krankenzimmer,
Stürme draußen, Stürme drin,
Feuersbrunst am dunklen Himmel,
Heiße Gluth um Herz und Sinn.

Sehnend mich nach neuer Schöpfung,
Mich nach ros'gem Morgenlicht,
Saß ich still beim Lampenscheine,
Kummer in dem Angesicht.

Horch da, plötzlich Heimchen sangen,
Traulich, heimlich ward es so,
Als wenn Freundesstimmen riefen,
Tröstend, hoffend irgendwo!

Heimchentöne, Heimchenworte,
Klangvoll fing's zu sprechen an:
Wer die Kehlchen singen lehrte,
Der auch Heilung schaffen kann! –

Der Barde

Für eine Dame schön und hold,
für Minnetreu und Minnesold,
Des Barden höchstes Gut,
Verspritzen wir das Blut.

Der Barde liebet Ehr' und Recht,
Er ist der Erste im Gefecht,
Für Mortimer von Lewellyn*
Bis in den Tod die Barden ziehn.

* Der letzte der selbstständig regierenden Fürsten von Wales.

Für Wales, unser Vaterland,
Gesegnet schön von Gottes Hand
Für seine Berge und grüne Seen
Die Barden Alle für Einen stehn.

Am Rhein

Auf Bergeshöh'
Den Pfad entlang,
Auf off'ner See
Beim Harfenklang.

Im Frührothschein,
Bei blauer Luft,
Am Rhein, am Rhein
Beim Kräuterduft.

Im Himmelsraum
Den Vögelschwarm,
Im Hirn den Traum,
Ganz sonder Harm.

Im Abendroth
Das Thal hinab,
Und dann, dann todt,
Allein, im Grab.

Die Judenkirsche
Physallis Alkekengi

Ein kleines, ernstes Bäumlein,
Streckt seine Zweige aus,
Es ließ nicht gern sich essen
Und Haß war drum sein Loos!

Roth sind die schönen Früchte,
Die Blüthen weiß wie Schnee,
Es zeuget die Geschichte
Von Bäumchens Schmerzensweh!

Sympathie und Antipathie

O, menschliche Wohlfahrt und menschliche Freiheit,
Euch beide die Seele mit Liebe umfaßt,
O menschliches Elend und menschliche Bosheit,
Wie seid ihr mir beide so tief doch verhaßt.

Und sollt' ich die Ersten auch niemals erblicken,
Und schlügen die Letzten mir stets ins Gesicht,
Ich häng' an den Ersten mit ew'gem Entzücken,
Im Leben verlocken die Letzten mich nicht! –

Das scheintodte Kind

Nocturno

Stürmisch ist die Nacht
Kind im Grab erwacht,
Seine schwache Kraft
Es zusammenrafft.

Machet auf geschwind
Ruft das arme Kind,
Sieht sich ängstlich um:
Finster ist's und stumm.

Überall ist's zu,
»Mutter, wo bist Du?«
Stoßet aus den Schrei,
Horchet still dabei;

Und in seiner Qual
Klopft es noch einmal
Sieht sich grausend um:
Finster ist's und stumm.

Streckt die Ärmlein aus,
Hämmert schnell drauf los,
Ruft entsetzt und laut:
»Hört, ich bin nicht todt!«

Lehnt sein Haupt am Arm:
»Daß sich Gott erbarm',
Lebt man ewig so?
Und wo stirbt man, wo?

Ach, man hört mich nicht,
Gott, ach nur ein Licht!«
Sieht sich nochmals um!
Finster bleibt's und stumm.

Stier und starr es tappt,
Und am Sarg' es klappt,
Horch, da strömt sein Blut
Durch des Nagels Hut;

Aus dem warmen Quell,
Sprudelt's rasend schnell:
Endlich stirbt das Kind,
Froh die Engel sind!

Stürmisch ist die Nacht,
Blätter rauschen sacht,
Niemand sah sich um:
Finster blieb's und stumm!

Logik

Es hört ein wack'rer Kriegersmann
Sich dies Geschichtchen einmal an,
Dem Tod konnt er ins Antlitz sehn,
Doch jetzt im Aug' ihm Thränen stehn.

Ein Leichenhaus, ein Leichenhaus,
Ruft er aus vollem Halse aus,
Wir wollen nicht auf bloßen Schein
Beseitigt und begraben sein!

Wir wollen, alle Wetter auch,
Nicht halten an dem dummen Brauch,
Daß man mit uns zu Grabe rennt,
Als wenn man's nicht erwarten könnt'!

Für Todte haben Gelder wir,
Und um Lebend'ge handelt's hier!
Man sühnt wohl solche Grausamkeit
Nicht mehr in aller Ewigkeit.

Für Tänzer giebt es Raum und Zeit –
O, tiefbethörte Menschlichkeit!
So lang' nicht Leichenhäuser sind,
Seid alle ihr so schlecht als blind!

Natur und Mensch

Es blinken die Sterne hinab auf das Moos
Es regt sich das Blättlein im Moose,
Im Schatten der Palme dort riesengroß,
Dort wächst eine purpurne Rose:
O Blättlein mein, so frisch und klein,
O duftiges, purpurnes Röselein!

Es blinken die Sterne hinab auf das Moos,
Es hüpfet ein Vöglein im Moose,
Im Schatten der Palme dort riesengroß,
Erblühet die Wundermimose:
O Röslein mein, Mimöslein mein,
Und lustiges, hüpfendes Vögelein.

Es funkeln die Sterne hinab auf das Moos
Es birgt ein Gesicht sich im Moose,
Ein weinend Gesicht, und riesengroß
Die Thräne, allüberall große: –
Und Thräne und Blut bis zum Himmel reicht,
Und allerlei Schönheit auf einmal erbleicht.

Poniatowsky

Ich saß am Fuß des Berges
Und träumte mancherlei,
Die kleine, frische Elster,
Sie plätscherte vorbei.

Was hast Du zu erzählen,
Du schmales Silberband,
Was wir nicht schon gehöret,
Was uns nicht schon bekannt?

Was Dir bekannt geworden,
Durch der Geschichte Mund,

Das waren bunte Muscheln,
Doch Perlen beut mein Grund.

Ich saß am Fuß des Berges,
Und träumte mancherlei
Die kleine frische Elster,
Sie plätscherte vorbei.

Komm her, laß Dir erzählen,
Du fremdes Menschenkind,
Einstmalen Roß und Reiter
In mir versunken sind.

Versteh mich recht, dem Polen,
Die Hoffnung gänzlich sank;
Er stürzt sich in die Tiefe,
Es hieß: daß er ertrank;

Er *lebt* in meinen Fluthen,
Singt nächtlich einen Sang,
Wie ein Gebet so klingt es,
Doch traurig, weh und bang;

Er *lebt* in meinen Fluthen,
Und weint um's Vaterland,
Die Thränen werden zu Perlen,
Man fischt sie an das Land.

Das Mädchen an der Donau

Genrebild

Frischer strahlt im Morgenglanze
Uns're junge Erde noch,
Und das Mädchen pflückt zum Kranze,
Klettert auf der Berge Hoch.

Schön ist's auf der Berge Rücken,
Schön im schatt'gen Thalesgrund,
Und es lächelt voll Entzücken
Still des Mädchens kleiner Mund.

Auf der Höhe steh'n noch Reben,
Von der Trauben Zahl gebückt,
Und ein Körbchen dicht daneben,
Dem das Mädchen näher rückt.

Schnell sie nimmt und stecket denkend
Von den Beeren in den Mund,
Und das kleine Köpfchen senkend,
Blickt sie abwärts in den Grund.

Bricht noch saft'ge Trauben viele,
Vollgepflückt schon's Körbchen steht,
Doch sie ist noch nicht am Ziele,
Still und rasch sie weiter geht.

Zu dem Strome, der hinunter
In die weite Eb'ne eilt,
Unser Mädchen, rasch und munter,
Gern beim wilden Strom verweilt.

Heller strahlen ihre Blicke,
Fröhlich färbt die Wange sich,
Und auf ein'ge Augenblicke
Setzt das wilde Mädchen sich.

Stiert hinunter in die Welle,
Stiert hinunter in die Fluth,
In den Augen spiegelhelle,
Eine schöne Thräne ruht.

Das rothe Blümlein

Ein rothes Blümlein auf grüner Au,
Ein kleines Wölkchen an Himmels Blau,
Ein feines Mägdlein im leichten Kahn,
Es eilet, es eilet die Fluth hinan.

Das Blümlein zittert auf grüner Au,
Das Wölkchen am Himmel wird schwarz und grau
Das Mägdlein bebet im leichten Kahn,
Und mächtiger eilet die Fluth hinan.

Das Blümlein zerstoben auf grüner Au,
Das Wölklein verschwunden am himmlischen Blau.
Das Mägdlein versunken im leichten Kahn,
Es steiget die Fluth die Höhen hinan.

Was stürmst Du, Fluth, den Himmel hinan?
Was willst Du, Du gräulicher Wassersmann?
O stolzer Knabe, sei ruhig, sei still,
Dein Spiel und Dein Traum und Dein Lieb ich will!

Mein Spiel ist hin, und mein Traum ist hin,
Was kömmt Dir thörichter Mann in den Sinn!
Mein Lieb lebt unter der brausenden Fluth,
Und nimmer verlischt uns're Liebesgluth.

Das rothe Blümlein, das war mein Spiel,
Dem Wölkchen am Himmel traut' ich so viel,
Dem Mägdlein folgte mein ganzes Herz,
Durch Hütte und Kerker und Noth allerwärts:

Und schlägt die Woge auch über ihm her,
Das Mägdlein erstehet aus Nacht und Meer,
Ich seh' es behalten so wohl auf dem Grund,
Als wie es mir noch vor den Augen stund.

Der deutsche Tribun

Es stand ein zierlicher Jüngling
Auf einem Hügel von Stein,
»O dürfte ich«, rief er, »hinüber –
Hinüber bis über den Rhein!

Der Strom zu meinen Füßen,
Mit seinem lieblichen Grund,
Steh' träumerisch ich am Ufer,
Schon manche so lange Stund'!

Wohl bin ich ein echter Deutscher,
Verbannet, doch ohne Grund,
Ein Deutscher schon tausend Jahre –!«
Und spöttisch gar lächelt sein Mund.

»Ein Deutscher, trotz schwarzer Locken,
Der Falte in Mitten der Stirn,
Dem trübe und bleichen Antlitz,
Und einem so glühenden Hirn! –«

Wer war's, der sich so sinnig
An jenen Fels hat gelehnt?
So wahrhaft sich und so innig
Nach Deutschland hat gesehnt?

Er war es, der wackere Börne,
In dessen Brust es so schwül,
Der Deutschland so ernsthaft liebte,
Mit südlichem Gefühl! –

Den Deutschland einst verstoßen,
In Deutschland einst verpönt,
Und der sich darum nicht minder
Nach Deutschland hat gesehnt.

Die Jagd

Hell der Himmel ist erleuchtet. 59
Sonnenstrahlen hin und her,
Frischer Thau den Rasen feuchtet,
Silbern glänzt das Jagdgewehr.

Eine Jagd ist's! Blutig jagend
Eilt der Jäger durch den Wald,
Für das Böse Alles wagend,
Mordruf weit und breit erschallt!

Aufgescheucht flieh'n junge Rehe,
Von dem blut'gen Schauplatz fort,
Doch der Jäger Todes-Nähe
Eilet nach von Ort zu Ort.

Mit der Hast, dem wilden Grimme
Der das Böse gern beschönt,
Der betäubend jene Stimme
Ernsten Mahnens nicht verhöhnt.

Bei dem blut'gen Reh daneben
Steht der Schütze blutig roth:
Räche, Gott, mein schuldlos Leben,
Fleht das Thier vor seinem Tod.

Trotzig glänzt des Waidmann's Miene
Bei des jungen Rehes Blut,
Und es war, als wenn's ihm schiene
Heute hätt' er Glück und Gut! –

»O daß ich den Bock erwische!«
Und so sprengt er rasend fort,
Und bleibt hängen im Gebüsche,
Und das Roß trabt weiter fort.

Schleift den Jäger zu der Haide,
Wo das Thier getroffen liegt,
Still am Boden liegen Beide,
Schuldlos Reh hat obgesiegt!

Endlich macht es eine Runde,
Endlich steht das muth'ge Roß,
Und in selbiger Sekunde
Geht des Jägers Büchse los.

Trifft des Jägers stiere Blicke,
Schmerz durchzuckt sein Angesicht:
Jäger, traue Deinem Glücke,
Deiner wilden Jagdlust nicht!

Amerika

Amerika, Du Land der Träume,
Du Wunderwelt, so lang und breit,
Wie schön sind Deine Kokosbäume,
Und Deine rege Einsamkeit!

Mit Deinen blau und rothen Vögeln,
Mit Deinem stolzen Blumenheer,
Mit Deinen tausend Schiff' und Segeln,
Von denen voll Dein weites Meer!

Mit Deinen smaragdgrünen Blättern,
Mit Deiner duftig kühlen Nacht,
Zu nahn Dir auf des Schiffes Brettern,
D'ran hab' als Kind ich schon gedacht!

Trotz Deiner prächtig bunten Schlangen,
Trotz Deiner heißen Sonnengluth,
Gilt Dir mein eifriges Verlangen,
Das mächtig nun und nimmer ruht!

Das Wäldchen

Ein Wäldchen sich erhebt,
Sproßt fröhlich himmelan,
Ob unser eins noch lebt,
Wenn einst die Axt daran?

Man pflanzt den Berg mit Wein,
Der Muskateller bringt,
Ob wir noch lebend sein,
Wenn er im Becher blinkt?

Ein Rosenknöspchen blüht,
Und morgen auf es bricht,
Ob es mein Aug' noch sieht
Weiß Gott, ich weiß es nicht!

Wollte Gott

Die dunkelgrünen Tannen
Auf grünem Rasenland,
Darüber Sonnenstrahlen
Und Himmel ausgespannt.

Die Sonne ist gesunken,
Die Senner gehn nach Haus,
Zerlumpte, bleiche Leute,
Sie sehn gespenstisch aus.

Ihr schönen grünen Tannen,
Ihr glänzt im Abendroth,
O wollte Gott, so hinge
An euren Zweigen Brot!

Was ist das Beste?

Ein Liedlein tönt von Ferne: 63
Was ist das Liebste Dir? –
Die Augen und die Sterne,
Sie sind das Liebste mir.

Ein Liedlein tönt von Ferne:
Was ist das Schönste hier? –
Das Schönste und das Liebste,
Das ist der Himmel mir!

Und sprich, was ist das Größte
Und Allertreu'ste Dir? –
Das Größte ist der Glaube,
Das Treu'ste Tugend mir.

Und weiter tönt es ferne:
Was ist das Beste hier?
Das Beste ist die Mutter,
Das Allerliebste mir!

Kennst Du das Land
Wo die Lianen blühn
Und himmelhoch
Sich rankt des Urwalds Grün?
Wo Niagara aus dem Felsen bricht,
Und Sonnengluth den freien Scheitel sticht?

Kennst Du das Land
Wohin Märtyrer ziehn,
Und wo sie still
Wie Alpenröslein glühn?
Kennst Du das Land, kennst Du es nicht?
Die zweite Heimath ist's, so mancher spricht!

Fest-Romanze

Reich bekränzet glänzt die Stadt,
Bunte Fahnen, Flaggen wehen,
Ehrenpforten blühend stehen,
Und des Fürsten Stirn ist glatt.

Gases Flammen, wie im Traum,
Böllerschüsse und Raketen,
Macht die Gegend rings erröthen,
Und das Jauchzen endet kaum.

Über'm Knotenstock gebückt,
Steht ein Greis mit langen Haaren,
Düster seine Züge waren:
»Thor und Thoren sind geschmückt« –

Spricht er lächelnd – »doch fürwahr,
Ehrenhafter würd' es klingen,
Würde Dir ein Vivat bringen
Unsrer Bettler große Schaar!«

Atheismus

Es gleitet das Schiff durch pechschwarze Klippen,
Schon gähnt es der bannende Abgrund an –
O wollte die Mannschaft den Himmel erblicken –
Der Himmel allein sie erretten kann.

Nichts and're kann retten – verhüllen die Sterne
Weinend ihr Haupt und strahlen euch nicht –
Und Wetterwolken bedecken am Tage
Der heiteren Sonne weitreichendes Licht. –

Auch außer dem Wetter, im eigenen Herzen
Beginnt ein Kampf um das Ja und das Nein –
Um Höhe und Tiefe und Helle und Dunkel,
Um höheres oder niederes Sein.

Um Leben für immer, um Sterben für immer –
Um ewigen Unsinn und ewigen Zweck –
O verlöscht nicht das Licht bei der finsteren Brandung –
Das Schiff der unglücklichen Menschheit ist leck.

Stimmung

Düster liegt die Welt mir da,
Wie ein ödes Meer.
Und der Abgrund ist so nah,
Und er reizt mich sehr.

Drin vergessen und versenken,
Selbst das Schöne mit,
Nichts mehr fühlen, nichts mehr denken,
Erde, wir sind quitt!

Keine Lust ist's, keine Wonne,
Aber mehr als das! –
Keinen Schatten, keine Sonne, –
Keine Lieb', kein Haß!

In dem Nichts die Freiheit lieget,
Nicht Nothwendigkeit –
Und von fern es schon besieget
Alles »Muß« und Leid.

Düster liegt die Welt mir da,
Wie ein ödes Meer,
Aller Welten End' ist nah,
Und es reizt mich sehr.

Ein Frauenbild

Auf dem weichen grünen Rasen
Kniet ein Frauenbild,
Ihre Arme gegen Himmel,
Lächelt sie so mild;

Sanft sich ihre Lippen regen,
Lispeln hörbar kaum,

Ihre Blicke schweifen trunken
In des Himmels Raum!

»Großer Gott, Du hast willfahret
Meinem still' Gebet,
Großer Gott, nur Dank und Freude
Sei von Dir gefleh't.«

Englein steigen auf und nieder,
Und der Morgen graut,
Und das Herz der Jungfrau bebet,
Und die Rose thaut.

Einen Blick noch zu dem Himmel,
Einen Dankesblick,
Einen Blick erhab'ner Klarheit,
Ruh' und Seelenglück.

Und das Haupt die Jungfrau birget
In dem weichen Gras,
Andachtsschauer hebt die Seele,
Und ihr Aug' wird naß.

»Gieb mir eins noch, Gott der Gnade,
Laß mich *dankbar* sein,
Treu und dankbar, Gott der Gnade,
Und mein Herz bleib' rein!«

Wißt ihr wohl, wer so erglühet
Sprach das Dankgebet?
Die's gewesen, lieber Leser,
Selber vor Dir steht.

Kanarienvögleins Traum

Es bettet sich das Vögelein
In seinem eignen Flaum,
Es hüllet sich das Köpfchen ein,
Und träumt den schönsten Traum.

Vom blauen Himmel – lebenslang –
Vom dunkelgrünen Hain,
Von seinem eigenen Gesang,
Harmonisch klingend, rein;

Von einer schönern bessern Welt
Bei stetem Sonnenschein,
Aus Morgenroth gewebt ein Zelt,
Darunter Groß und Klein;

Des Sängers gleichgestimmte Brust,
So treu und hochgesinnt,
In Wonne, überird'scher Lust,
Vereint die Künstler sind:

Ein schön Duett, so kühn, so zart,
Wird aufgeführet bald,
Kein einz'ger Mißton, rauh und hart.
Aus ihren Kehlen schallt:

Nur himmlisch Licht, Gerechtigkeit,
Nur Klarheit, Himmels Bild,
Verschwunden Unbill, Neid und Leid,
Nur Englein strahlend mild!

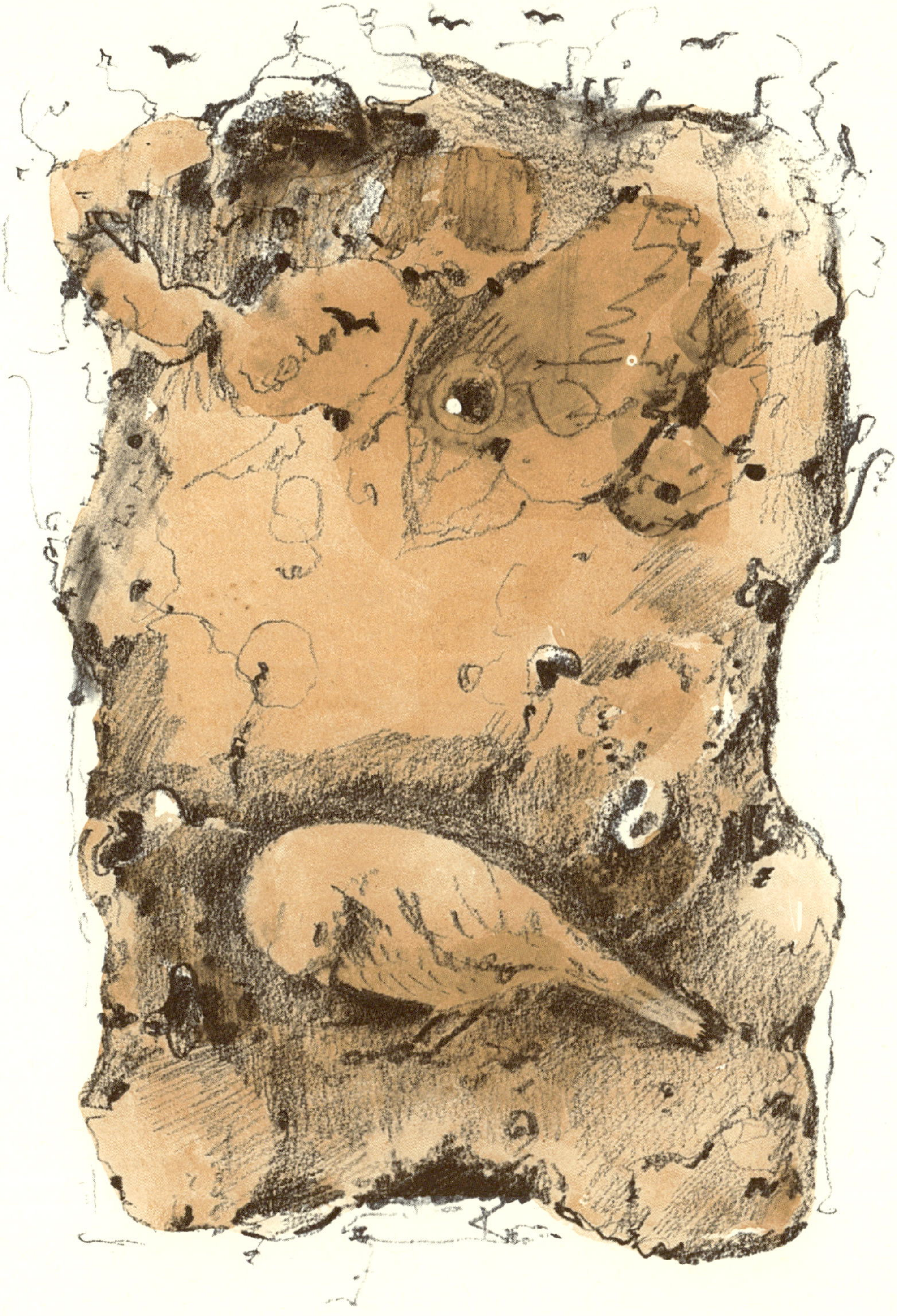

Kanaria's Flug, Kanaria's Traum
Im Himmel Sieben schwebt,
Erwachend aus dem eignen Flaum
Das Vöglein sich erhebt.

Des Käfigs Wand, des Käfigs Luft! –
Das Vöglein faßt sich schnell:
Die Wirklichkeit ist enge Kluft,
Der Traum ein Lebensquell.

Gegen die Vivisektion

Ein unbekanntes Band der Seelen kettet
Den Menschen an das arme Thier,
Das Thier hat einen Willen – ergo Seele –
Wenn auch ne' kleinere als wir.

Ein Mensch, mißbrauchend die Gewalt und Stärke,
Ein lebend Herz zerreißen – wie? –
Wer gleicht denn hier dem wilden Thiere,
Ist es der Mensch, ist es das Vieh?

O erkläret mir das Räthsel
Der umringenden Natur,
Zu den Wundern, zeiget, gebet
Mir nur eine einz'ge Spur!

Unbegriffen, unverstanden,
Seh ich sehnsuchtsvoll mich um,
Fragend all das Welten Chaos:
Und das Chaos bleibet stumm.

Welten Chaos, Menschen Chaos
Chaos in des Menschen Brust,
Heil'ge Liebe, glühend Hassen,
Düstrer Gram und heitre Lust!

Wie es lodert, wie es flammet,
Finstre Wolke, schwanker Kahn,
Heil'ger Muth und süßes Hoffen:
Bleibet in dem morschen Kahn!

Der Leuchtthurm

Ein Morgen, ein schöner Morgen bricht an,
Ein Morgen voll goldener Sonnen!
Es reifen die herrlichsten Früchte alsdann,
Von ewiger Dauer umsponnen.

Ein Morgen, ein schöner Morgen bricht an,
Ein Morgen voll goldener Sonnen!
Wann bricht er, wann bricht jener Morgen an,
Dess' Roth noch heut nicht begonnen?

Der Morgen, der goldne, dem Welttheil gleicht,
Entdeckt in großen Gedanken,
Der muthige Denker, der kühn ihn erreicht,
Er trat mit der Welt in die Schranken.

Der Morgen, der goldne, dem Leuchtthurm gleicht,
Erspähet auf brandigen Wogen,
Ob Brandung das Schiff, das Schiff ihn erreicht –
Das Licht, es hat nimmer gelogen!

Die Nacht ist da und die Brandung ist da,
Der Leuchtthurm, er strahlet von ferne,
Ob wir uns ihm nahen, ihn sehen von nah –
Dran zweifle ich, Gott weiß es, nicht gerne!

Doch daß ihn dereinst, doch daß ihn dereinst
Das Schifflein noch jubelnd begrüße,
O künftige Mannschaft, ich weiß es, – Du weinst –
Alsdann erst die Thräne, die süße:

Der früheren, vorigen Mannschaft geweiht,
Die strandend das Licht noch erblickte:
Das herrliche Licht der Brüderlichkeit,
Trotzdem sie die Finsterniß drückte.

Die Zugvögel

Lieben Vöglein, singet ihr,
Was und welches Lied?
Ob vom kalten Norden hier,
Ob vom heißen Süd,

Ob von Schneelawinen nur,
Wo die Raben schrei'n,
Oder wo auf Kaktus Flur
Kolibris gedeih'n?

Ob wo Eichenblätter weh'n,
Herbstlich rosenroth,
Oder wo auf Baumes Höh'n
Wächst das Wunderbrod?

Heißer Süden, kalter Nord,
Sag't wo's besser ist,
Sag', mein Vöglein, sag' auf's Wort:
Wo du lieber bist!

Am Scheidewege

Weicher wurden meine Saiten,
Düstrer ward mein Blick,
Sprich, wie soll ich Dich mir deuten,
Räthselhaft Geschick?

Bessere Gefühle ringen
Sich in meiner Brust,
Besserem wird schwer Gelingen –,
Schadenfrohe Lust!

Nicht mehr grad' wie Pol zum Pole,
Fass' ich's im Begriff,
Von dem Scheitel bis zur Sohle,
Gleicht's unsich'rem Schiff.

Aus dem positiven Grunde
Ward ein Frührothschein,
Trau' mein Urtheil kaum dem Munde,
Könnte irrig sein.

Als da leuchteten die Sterne,
Holden Glückes Schein,
Kannt' ich in der weitsten Ferne
Jeden Punkt allein.

Wie mit Seherblick begabet,
Traf ich Alles recht,
Ob ihr Falsches, Böses gabet,
Kannt' es gleich für schlecht.

Helle Sterne untergingen,
Dunkel mich umgiebt,
Wolken lagern auf den Dingen,
Kenn's nicht, was mich liebt.

Kann es schwer nur unterscheiden
Was da falsch, was echt –,

In der Finsterniß der Leiden,
Wird das Auge schlecht.

Kehret wieder, goldne Sterne,
Holden Glückes Schein –
Daß ich finde in der Ferne
Jeden Punkt allein.

Zur Erinnerung

Vergißmeinnichtblüthen
Zu pflücken am Strand
Dem Bächlein gebieten
Mit kindischer Hand,
Den Nachen umlenken,
Und wieder zurück,
Die Blüthen verschenken
Mit großmüth'gem Blick:
Das waren die Spiele,
Das kindliche Glück,
O ruft mir Gefühle
Der Kindheit zurück!

Vogelin-Prinzeß

Es war einmal ein Vögelein,
Kanaria von Geschlecht,
Es war so schön, so gelb, so fein,
Wie's Vögeln eben recht.

Doch ach, das arme Vögelein
Im goldnen Käfig saß,
Und mit den kleinen Äugelein
Den großen Himmel maß.

Ein frecher Sperling flog vorbei,
Und sang ihr zum Exceß:
»Ich lieb' Dich bis zur Raserei,
O, Vogelin-Prinzeß!

O, Vogelin, Dein Köpfchen klein
Gefällt mir gar zu gut!«
Da kocht des stolzen Vögelein
Kanarisch heißes Blut!

Ich mag Dich nicht, ich brauch' Dich nicht,
Mir ist nach Dir nicht bang,
Wohl sehn' ich mich nach Himmelslicht,
Und nach des Künstlers Sang!

Doch nach des frechen Sperlings Lied
War mir noch niemals bang,
Denn – singt sie himmlisch – nie erglüht
Mein Herz bei nied'rem Klang!

Selbst noch eine Menschenblüthe,
Trug ich Kummer im Gemüthe,
Groß genug für eine Welt.

Jeder Wahn, der sie bethörte,
Den sie – grausam – hoch verehrte,
Diese kleine Menschenwelt. –

Sieh, er ward in mir zur Wunde,
Blutend, schmerzend, Tag und Stunde,
Immer tiefer dringend ein. –

Fremden Haß und eigne Schmerzen,
Trug ich in dem weichen Herzen,
Wandte aufwärts meinen Blick:

Helfen möcht' ich, lindern, retten,
Glück an dieses Weltall ketten,
Rosig bilden sein Geschick.

Diese Freuden, diesen Segen,
Betend sich die Lippen regen,
Gott mich's ahnen ließ!

Innere Stimme

Der sonnige Morgen, der bläuliche Teich,
Die lock'gen bethaueten Reben,
Sie spiegeln mir wieder, an Reizen so reich,
An Wundern, das herrliche Leben.

Den Gott im Herzen, die eherne Macht,
So wandle ich voll Hoffnung auf Erden,
Es spricht in mir laut, die Allmacht sie wacht,
Die Hoffnungen werden Dir werden!

Nur allein kann ich erstarken,
Nur allein sprießt mir die Kraft,
Tret' ich in des Kampfes Marken,
Mit des Muthes Eigenschaft.

Sag' ich los mich jenem Jammer,
Jenem tiefen Seelenweh –
Meine Lenden gürt' ich strammer
Und gepanzert fest ich steh'!

Fest wie eine Memnonsäule
Unter mir den Staub der Welt, –
Ob mein Blick auch drauf verweile –
's ist der Blick von einem Held.

Fest wie eine Memnonsäule,
Schwarzer Marmor ist mein Kleid,

Doch nicht müßig ich verweile,
In der Wüsten Einsamkeit.

Pflegend nicht wie jener König
Von Ägypten feiger Ruh',
Der ist gar nichts oder wenig,
Der dem Bösen siehet zu.

In die Enge, ins Gedränge
Stürz' ich mich mit lautem Klang,
Singe vor der ganzen Menge
Ew'ger Wahrheit großen Sang.

Willst Du nach den Sternen fragen,
Werden sie Dir Antwort sagen?
Schönheit freilich ist es nicht,
Was nur aus dem Staube spricht;

Schön ist nur das Große, Reine,
Meer und Feuer, Sonnenschein, –
Schön ist auch Vergißmeinnicht,
Und ein treues Augenlicht!

Alles Gute, Freie, Biedre!
Aber alles andre Niedre,
Häßlich, scheußlich, ekel ist:
Duftig nimmer ist der Mist.

Hoffnungsschimmer

Hoffnungsschimmer, Licht des Lebens,
Lösche niemals gänzlich aus,
Dunkler wird's sonst in dem Herzen
Als im düstern Erdenschooß!

Sieh der Frühling ist Dein Abbild!
Wenn das erste Grün ersprießt,
Dann die Seele, hell vor Freuden,
Dich in ihre Arme schließt.

Lockst selbst Kinder in die Weite.
Sei ihr Wünschen auch gering,
Sei's auch nur ein kleines Blümlein,
Dem das Aug' mit Lieb anhing.

Sprichst Du nur: ihr werdet's finden,
Freudig sind sie gleich bereit!
Liebe Hoffnung täusch' sie nimmer,
Mit den Kindern hab' Mitleid!

Leucht' auch mir voran auf Erden,
Leit' mich bis zum Jenseits hin,
Zum Gestade voller Hoffnung, –
Wo enthüllt der Hoffnung Sinn!

Nicht bei der Leidenschaft trübem Feuer,
Nur bei der Weisheit strahlendem Licht,
Schaue die Dinge, die Gott geschaffen,
Das wie und wann, – das ergründest Du nicht.

Schaue die Wunder, die großen und kleinen:
Leuchtende Sterne in düsterer Nacht!
Doch verschmäh' ob des Glanzes von tausend Sonnen
Keinerlei Rösleins bescheidene Pracht.

O Mensch, Du trittst mit Füßen tausend Wunder,
Und tausend Wunder sie umgeben Dich,
Und tausend Wunder in den Lüften fliegen,
O Mensch, und Du beklagest Dich?

Knie' nieder in dem weiten Welten-Raume,
Ist's Tag, so knie' im goldnen Sonnenschein,
Ist's Nacht: hoch über Dir die Sterne leuchten, –
Und Dein Gebet sei Dank allein!

Tausend Mücken tanzen in der Sonne,
Tausend Sonnen in des Himmels Raum,
Bürgt für Wirklichkeit nicht das Gescheh'ne? 83
Ist die Größe klein genug zum Traum?

O selbst Traumgebilde, sie sind Wahrheit,
Träum'risch nur von uns zusamm'gestellt, –
Was nie war, wird von uns nicht geschaffen –
Aus dem Nichts schuf Gott nur eine Welt!

Das Paradies verschwand,
Die Erde vor mir stand
Ganz schwarz und anzubaun:
Mich faßt ein tiefes Grau'n.

Doch faßt' ich mich geschwind,
Und rasch, wie Seltne sind,
Ward ich ein Ackersmann
Und fing die Arbeit an;

Bald ward die Erde grün,
Und tausend Blüthen blühn,
Das Paradies von Neu
Erstand, bei meiner Treu!

Der Sinn der Ferne

Erd' und Himmel rollen ineinander,
Nur ein einzig Sternlein blinket noch,
Wie ein blaues Aug' im dunklen Wetter,
Strahlt es an dem Himmelszelte hoch.

Jenes Sternlein birget ferne Welten,
Und Dein Blick, er trägt Dich sonnenweit:
Wer rief Stern' und jenen Sinn der Ferne
In das Leben unsrer Wirklichkeit?

Mast und Segel schwimmen auf dem Meere,
Wer schafft dieses Ungewitters Sturm?
Und die Schlange in den schwarzen Wolken,
Und den kleinen rothen Todtenwurm?

Menschheit, unter Würmern steh' mir Rede,
Armes undankbar-verwöhntes Kind:
Trägt der Zufall meilenweit die Blicke,
Ist's nur Zufall, daß wir sterblich sind?

Unser Jammer bürgt für Ewigkeiten, –
Und das offne nimmersatte Grab!
Doch ein Gott erschuf den Sinn der Ferne,
Und wir sinken drum getrost hinab.

Arglos und harmlos,
Durchs Leben hin,
Kommt mir das Böse
Nicht in den Sinn!

Arglos und harmlos,
Glücklich ich bin,
Hör' ich das Böse,
Denk' ich nicht hin!

Und kaum ist's verhallt,
Vergess' ich es bald,
Vergesse um zu vergeben,
Vergebe, um zu erheben.
Zum reinen Leben,
Durch güt'ge Gewalt.

Die Poesie

Die Poesie, die Poesie,
Die Poesie hat immer Recht,
Sie ist von höherer Natur
Von übermenschlichem Geschlecht.

Und kränkt ihr sie, und drückt ihr sie,
Sie schimpfet nie, sie grollet nie,
Sie legt sich in das grüne Moos,
Beklagend ihr poetisch Loos!

Kleine Blüthen, Röselein,
Alle unschuldsvoll und rein,
Wählte tief bewegt ich aus
Ach, zu einem Abschiedsstrauß.

Ferne sang ein Vögelein:
»Menschenherz, so groß und klein,
Buntester Gefühle Strauß,
Schau'st so treulich heute aus!«

Vögelein, Dein Lied ist wahr,
Dankestreue in mir weilt,
Beten werd' ich immerdar:

Jenen, der heut von uns eilt,
Gott im Himmel ihn bewahr
Aller Orten, wo er weilt!

Poesie ist Leben,
Prosa ist der Tod,
Engelein umschweben
Unser täglich Brod.

O sieh, wie sich's thürmt,
Die Welle sich bäumt,
Das Ufer ergrünt,
Von Blumen besäumt.

Es näh'rt sich das Boot,
Die Woge, sie schäumt,
Das Mägdlein, da drin,
Das Mägdlein, es träumt!

Und über dem Haupt,
Am Himmel aufwärts
Ein Zeichen von Gold,
Ein flammendes Herz!

Es ist mir so federleicht ums Herz,
Versunken ist der wilde Schmerz,
Und wenn's mir so im Innern glüht,
Sing' ich euch bald ein neues Lied:

Ein blaues Aug', ein goldner Stern,
Ein rothes Wölkchen nah und fern,
Ein Freundesherz, ein treuer Blick,
Ein menschlich rühmliches Geschick.

Die Welle steigt, die Welle sinkt,
Ein brauner Nachen freundlich winkt,
Ein frischer Ruderschlag ertönt!
Wie man sich dort nach Sängern sehnt!

Ade, ade, Du grüne Welt,
Der Sänger ist der wahre Held,
Greift er in seine Saiten ein,
Stimmt bald die ganze Seele ein!

Die ganze Welt, sie stimmt mit ein,
Die Welt ist sein, die Menschen sein,
Ade, ade, Du grüne Welt,
Der Sänger ist der wahre Held!

Die ganze Welt, sie stimmt mit ein,
Die Welt ist sein, die Menschen sein,
Ade, ade, Du grüne Welt,
Der Sänger ist der wahre Held!

Blümlein auf der Au,
Blümlein, wunderblau,
Sag' was zitterst so?
Stürmt es irgendwo? –

Bächlein silberblau,
Bächlein durch die Au,
Gürtel ziehest so,
Mündest irgendwo?

Fischlein auf dem Grund,
Mit den Äuglein klein,
Fischlein schlank und bunt;

Wag' es Fischlein mein,
Wag's zur guten Stund,
Schwimm in's Meer hinein!

Hebe hoch die freien Schwingen,
Laß Dich nicht vom Feind berücken,
Hülfe kann der Morgen bringen,
Und die Bosheit geht in Stücken.

Zu des Orkus finsteren Gewalten
Lege ich mein lebensmüdes Haupt,
Ungeheuer, öffne Deine Falten,
Viel hab' ich gestrebt und viel geglaubt!

Jung und kräftig und vom Muthe strahlend,
Lebenswarm die Brust, das weiche Herz:
Mitwelt, Deine Schuld bezahlend,
Gräbt die Nachwelt einst mein Bild in Erz.

Vöglein auf den grünen Zweigen,
Die sich auf- und abwärts neigen,
Freude hebet eure Brust,
Klopfen hör' ich sie vor Lust!

Frühlingswonne, Schwalben, Lerchen,
Laut Geklapper unter Störchen,
Wiedersehen, Reiselust,
Hohe Freude in der Brust.

Gönnet mir die Freudenfeier,
Meine Seele athmet freier,
Herr im Himmel, habe Dank
Für den innern Festgesang!

Ein purpurnes Röslein auf grüner Au,
Ein güldenes Sternlein am himmlischen Blau,
Ein singendes Vöglein auf schwankendem Ast,
Sag' an, was Du Schönres zu zeigen hast?

Gar schön ist das Röslein auf grüner Au,
Gar prächtig das Sternlein am himmlischen Blau,
Gar frei ist das Vöglein auf schwankendem Ast,
Und Freiheit und Schönheit zusammen wohl paßt!

Ist die Weihe denn gewichen
Sind die Blumen all' verblüht?
Ist der duft'ge Schmelz gestrichen?
Ach, ein dichter Nebel zieht!

Und in diesen eingehüllet
Lichtlos scheint der Horizont –
Keine Sehnsucht wird gestillet,
Keine Blüthe, die sich sonnt!

Hab' ich Dich bisher geleitet,
Wanke nicht an meiner Hand,
Sieh', der Teppich ist gebreitet,
Und es grüßt das Uferland.

Und es lächeln alle Sterne,
Und die schön're Sonne winkt, –
In der Nähe, in der Ferne
Dich der Allmacht Arm umschlingt.

Als ich heut so bitterlich,
Tief vor Gott geweinet,
Da – ein kleines Vögelein
Meinem Schmerz sich einet;

Flog zu mir bis an den Sims
Meines Fensters treulich:
»Weine nicht, Du Herzensmaid,
Schrecklich ist es freilich.«

Also sprach das Vögelein,
Mit den braunen Blicken:
»Einstens wird es besser sein!«

Und mit Kopfesnicken,
Breitet es die Flügelein,
Und entfloh den Blicken.

Alles Träumen
Tauget nichts,
Werth ist's kaum
Des Stückchen Lichts.

Alles schwindet
Um uns her,
Groß ist nur der
Vergangenheit Meer. –

Tief gelegen
Hinter mir,
Ist der Traum,
Der goldne, mir.

Alles Träumen
Tauget nichts,
Werth ist's kaum
Des Stückchen Lichts.

Heiße Thränen fließen, rauschen,
Über mein Gesicht,
Ob die Englein ihnen lauschen?
O, ich zweifle nicht!

Bin so öde, bin so trübe,
Melancholische Gestalt,
Wenn es nur nicht also bliebe,
Glühend heiß und kalt!

Frühlingslüfte wehen leise,
Traurig ist das Herz,
In der unbewußten Weise,
Doch verwandt dem Schmerz.

Bunte Schmetterlinge fliegen
Zu den Blüthen auf,
Nächst der Blüthe kriecht das Würmlein,
Lauert schon darauf! –

Ist auch schön die Außenseite,
Inn'res ist nicht – süß:
In der Welten Länge und Breite
»Bitter« – man es hieß!

Habt ihr mir es gar verleidet,
Dieses kleine Leben, ach,
Wenn mein Geist einst von euch scheidet,
Sag' ich euch nichts Gutes nach;

Denn das Aller-Allerbeste,
Trug ich glücklich in der Brust,
Freudig glich sie einem Feste,
Täglich feiernd neue Lust!

Und die frohen Blüthen alle,
Breitete ich vor euch aus:
Wieder gab't ihr mir nur Galle,
Machtet traurig, ach mein Loos!

Purpurn glänzt die Abendröthe,
Still der Prosna zugekehrt,
Man ein Frau'nbild beten hört:
Warum weint Frau Margarethe?

Fremdling frägst, warum ich bete?
Hast von der Legion gehört,
Die vom Schwerte aufgezehrt,
Polens Boden blutig säte?

Lieber Sohn war mit dabei,
Hochgelehrt und achtzehn Jahr,
Stärker war die Tyrannei;

Reichte das Schwert ihm selber dar,
Fremdling, eine Thräne weih':
Polens Asche, sei fruchtbar!

Alles grünt und alles blüht,
Aber nicht in meinem Herzen,
Ach, in meinem Herzen glüht
Nur das Morgenroth der Schmerzen;

Seine Blüthe, Röselein,
Purpurröselein genennet,
Das erschließt sich groß und klein,
Wenn 'ne schlimme Wunde brennet.

Lawinenmasse

Wie Lawinenmasse stürzet
Sich die Sorge auf das Herz.
Gleicht des Weltmeers finsterer Welle,
Schwarz und weiß, und grau wie Erz.

Kummer steigst Du auf und nieder,
Und verschlingst die Freude wild,
Und entrollst mit Sturmesschnelle
Der Verzweiflung wirres Bild.

Frage

Dieses Leben liebst Du noch?
Diese wechselvolle Pein?
Dieses schmerzerfüllte Sein?

Antwort

Ach, man liebt es heimlich doch!

Dunkle Veilchen, weiße Blüthen,
Aller Seelen Freudenfest!
Stimmen aus dem Saitenspiele
Nie verklungner Harmonie! –

Thränen könnet ihr entlocken
Aus der tiefsten Seele mir,
Doch gemischt sind diese Thränen:
Freuden auf des Schmerzes Grund!

Dorten winkt ein neuer Morgen,
Dorten bin ich wieder »ich«,
Nicht allein und ganz geborgen
Find' ich, meine Mutter, Dich!

Was ich Hohes je geträumt,
Was ich Sinniges gedacht,
Was sich mir im Geist gereimt,
Wenn die Seele hat gelacht.

Alles, Alles ist verklungen,
Sieht mich fast gespenstisch an,
In den Abgrund ist's gesprungen,
Funkelt wie ein Feuermann!

Unter Felsen wandelst Du,
Unter Träumen wirkest Du,
Wandle, wirke immer zu,
Doch das Herz find't keine Ruh.

Nicht die Wüste, nicht der Strand,
Nicht die Küste, nicht das Land
Bringen es zum Schweigen
Wenn der Schmerz sein eigen.

Kennst Du nicht das Licht des Lebens,
Kennst Du seine Schatten nur,
Nicht des Lebens goldne Sonne,
Nur des düstern Nebels Spur?

Zage nicht, die Truggestalten
Schwinden hin gleich eitlem Schein,
Dorten wird die Tugend leuchten,
Und das Blendwerk dunkel sein!

Hoch auf der Berge Gipfel
Vergeß' ich die ganze Welt,
Der Selbstsucht bunte Wipfel,
Die Bosheit und das Geld.

In kleiner mosiger Hütte,
Da leb' ich so wohlgemuth,
Voll Gottesfurcht im Herzen,
Im Herzen froh und gut.

Der Morgen höret mich beten,
Der Abend den Gottes Dank,
Es ernten Diejenigen, die säten,
Ihr ganzes Leben lang.

Es grünen die Bäume des Waldes,
Es kündigt der Frühling sich an,
Hinweg mit dem frostigen Winter,
Der Frühling ist ein sanfter Mann!

Die langen goldnen Strahlen,
Sie sind wie ein langes Haar!
Die Veilchen im tiefen Grase,
Sind blau wie ein Augenpaar!

Kannst Du zweifeln, kannst Du zagen?
Blick' nach jenem »großen Wagen«,
Wovon jeder Himmelszoll
Von Myriaden Welten voll.

Myriaden Welten, Sonnen
Ewigkeiten, ew'ge Wonnen,
Heil'ge Gottheit, höre mich,
Tief im Staube preis ich Dich!

Es flammet das herrlichste Sonnengold
Im Westen – die Sonne geht unter –
Der grünende Teppich ist aufgerollt,
Er strotzet voll Blumen, voll bunter.
Ein Mensch in Gedanken im Schatten steht
Und fühlet im Herzen ein froh Gebet.

Er kehrte zurück aus dem Menschen-Gewühl
Der Städte – das Herz entzweit und zerrissen,
Verletzt und verwundet sein innigst Gefühl,
Gerettet allein sein Gewissen. –
Und kaum, daß er einsam drei Tage weilt –
Sein Herz, sein Gefühl sind plötzlich geheilt.

Lied

Wird auch das Leben
Manchmal so schwer,
Lächelt die Liebe
Von oben doch her!

Lächelt die Liebe
Von oben hinein,
Dürfen die Herzen
Nicht kummervoll sein!

Ich lehn' am Fensterkreuze,
Es schmerzet tief in mir,
Die alt' und frischen Wunden
Sie alle bluten mir.

Doch Eines, sanft balsamisch,
Es ziehet drüber hin,
Daß ich an allen Wunden
Unschuldig bin.

Laßt mich in die Wüste eilen,
Wo die siebzig Palmen sind,
Dort in *der* Oase weilen
Wo die Quelle ewig rinnt.

Dort in jenen schlanken Bäumen
Mit dem großen Geist allein,
Will ich Alle glücklich träumen
Und will selber glücklich sein.

Der Dichter lebt im Traume,
Er spielt im Weltenraume
Mit Zeit und Ewigkeit –
Verscherzet Glück und Zeit!

Und wenn er nichts erzielet
Als das, was er gespielet,
So bleibt's doch immer Viel,
Denn werthvoll ist sein Spiel!

Wer die Bangigkeit
Jemals hat gefühlt,
Jene Ewigkeit,
Die im Schmerze wühlt –

Der nur, der allein
Kennt die ew'ge Macht:
Über seinem Sein
Hat sie doch gewacht.

Das Ideelle

Wie die Rose unter Dornen
Steht das Ideelle jetzt,
Nur das Scheußlich-Materielle,
Kommt zuerst und kommt zuletzt!

Wird gepredigt aller Orten,
Als Vernunft, Gebot der Zeit,
Und mit Beispiel und mit Worten
Macht es überall sich breit.

Aber, wie die Röslein blühen
Ungetrübt und ewig rein.
Trotz der Dünste, die da ziehen, –
Bleibet alle Schönheit sein.

'S ist ja Alles nur ein Träumen,
Nur ein silberweißes Schäumen
Von dem Meere, das erst wird;

Wie ein Degen, der da klirrt,
Eh' er aus der Scheide irrt
Zu den thatengroßen Räumen:

Wie der Aar die Schwingen hebt,
Wenn er noch im Neste lebt,
Eh' er auf gen Himmel schwebt.

Du siehst das Vöglein in den Lüften fliegen,
Die kleinen Blüthen auf dem Rasenland,
Die Käfer schwirrend in den blauen Lüften
Und mitten hin des Stromes Silberband!

O freue Dich! denn nur durch Wunder
Schwebt in der Luft das Vögelein,
Die Blüthen und der Strom sind Wunder!
Wo Wunder sind, muß Gottes Tempel sein!

Es scheint der Mond so helle,
So silbern strahlt der Mond,
Ich stehe auf der Schwelle,
Wo all' mein Lieben wohnt.

Ich stehe still und segne
Den Platz, das Haus, die Luft,
Daß niemals drin begegne,
Was Schmerz und Thränen ruft.

Der Lorbeer sprießt!
Sei mir gegrüßt,
Du liebes Blatt!

Erkoren bist
Was edel ist
Zu krönen Du!

Der Böse haßt,
Das Laster praßt,
Der Dichter denkt –

Im Traume schenkt,
Im Traume senkt
Dies Blatt sich seinem Haupt!

Grüne Zweige, goldne Frucht!
Wer sie findet, wer sie sucht!
Kennst Du ihren tiefen Sinn?
In der Seele wohnt er drin. –

Grüne Zweige, goldne Frucht!
Wer sie findet, wer sie sucht!
Suchen, finden wirst Du sie,
Brechen, ach, auf Erden nie.

Sag', was hängst Du so daran,
An dem ird'schen Wahn?
Sieh das Glück in Wahrheit an,
Gleicht es schwankem Kahn. –

Schaukelt auf den Wellen sich,
Gleitet hin und her,
Schwebet leicht veränderlich
Auf des Lebens Meer.

O mag ein Engel Dir die Schrift diktiren,
Daß jedes Wort mir Wonne sei und Lust,
Ein Engel Deine Feder führen,
Ein Zauber drinnen leben unbewußt!

Damit, wenn ich das Siegel löse,
Das Glück sich ungetrübt daraus ergießt,
Und keine Wolke, keine böse,
Mein Geist von Deinem Geiste liest.

Unter mir die tausend Plagen
Unsrer Kleinlichkeit,
Über mir die tausend Fragen
Unsrer Ewigkeit.

Neben mir der Rosenschimmer
Goldner Poesie,
Schlag't das Saitenspiel in Thrümmer,
Sie zerstört ihr nie!

Es schwebt mir auf der Zung' ein Lied,
Ein frohes sinnig Lied,
Es wächst so rasch, es grünt, es blüht,
Ging ich, so ging's, schied ich, es schied.

O goldnes Lied, geboren kaum,
Gedankenschwerer junger Traum,
Fürwahr Du bist von Gott gesandt,
Des Himmels süßes Unterpfand.

Das Leben träumt, der Traum er lebt,
Seht, wie er hoch am Himmel schwebt,
Des Dichters Traum, des Dichters Sang,
Es ist der Wahrheit goldner Klang!

Schwarze Wolken, graue Wolken,
Grau der Kummer, schwarz der Kampf,
Sieh, dort unter grünen Bäumen
Steigt herauf ein weißer Dampf.

Blauer Himmel, goldne Sterne,
Güt'ger Allmacht Zauberlicht,
Strahlend, wachend in der Ferne:
Herr und Gott verlaß mich nicht!

Und hätte ich nicht im Herzen
Den großen Trost aus der Höh,
Ich wäre ja längst vergangen
Vor Kummer und schwerem Weh!

Und hätte ich nicht den Glauben
An Gottes Barmherzigkeit,
Ich wäre ja längst erlegen
Der Bosheit, dem albernen Neid!

Es scheint der Mond in's Zimmer,
Ein Sternlein strahlt in's Haus,
Ich denke nach, wie immer,
O nicht an Saus und Braus.

Ich denk' an all das Schöne –
Die große Illusion –
Der Täuschung Meistertöne –
Ein Jeder kennt sie schon.

Was ihr das Herz erzählte,
Das süße Märchen, schön,
In Worten, lieb gewählte, –
– Doch wild auch gleich dem Föhn
Wie Saiten, hart gestählte –
Ein flüsterndes Gestöhn.

Tröstend senkt die Poesie
Sich auf meine Seele,
Ihren Schleier hebet sie,
Wenn ich's euch erzähle.

Goldne Leyer, bleibe mein,
Häng' Dich um die Seele,
Deine Töne, klar und rein,
Liebend ich sie stehle.

Daß die Sterne blässer werden,
Wenn das Herz vor Leiden glüht,
Hätte nimmer ich gedacht!

Wenn das Herz vor Freuden lacht,
Jedes Sternlein Feuer sprüht,
Und die Sterne dunkler werden.

Ich träumte schön und träumte viel,
Das Leben schien ein Kinderspiel,
Das Gute schien so federleicht,
Als hätte man es bald erreicht!

Das Leben ist ein Kampfesspiel,
Und bot der Wunden schwer und viel,
Das Gute, ach, ein goldner Traum,
Erreichbar selten oder kaum!

Siehst Du nicht die grünen Matten,
Und das blaue Himmelszelt,
Und der Bäume lange Schatten
Und die ganze Frühlingswelt?

All die Bäche und die Quellen,
Und die Wiesen gelb und grün,
All die Knospen, die da schwellen,
Und die Düfte, die da ziehn?

Der Himmel so blau,
Die Erde so grün,
O laß uns ein wenig
Nach Süden hin ziehn!

Dort blühet die Myrthe,
Orangen sind frisch,
Dort decken die Blüthen
Dir freundlich den Tisch.

Meine Thränen fließen
Brennend heiß,
Gott nur weiß,
Was für Segnungen draus sprießen.

Wenn im Innern verletzet
Stolzes Herz,
Seelenschmerz
Seine Stacheln wetzet.

Laß die Thränen fließen
Brennend heiß,
Gott nur weiß,
Was für Segnungen draus sprießen.

Laßt mich schlafen, schlafen,
Träumen lange Zeit,
Damit ich verträume
Halbe Ewigkeit! –

Ewigkeit hat keine Hälfte,
Stets erneuernd sich –
Stets auf's Neu beginnend,
Währt sie ewiglich.

Nun, so laßt mich schlafen,
Träumen ew'ge Zeit,
Daß ich schön verträume
Ganze Ewigkeit!

Ganz gebrochen ist die Kraft,
Und entmuthigt ist der Sinn,
Weltumfassend kühne Träume,
Fahret alle, alle hin.

Goldbesäumte Wolken lagen
Über wonnig Morgenroth,
Düst're Nacht ist's. Nimmer tagen
Wird das Licht: Das Licht ist todt!

Was nützen alle Lieder,
Was nützt das beste Herz?
Dämonen kehren wieder,
Mit Zungen hart wie Erz.

Dämonen kehren wieder,
Im Aug' den gift'gen Strahl,
Was soll das blau Gefieder,
Des Dichters Ideal?

O schweigt ihr goldnen Lieder,
Halt stille, Poesie:
Du fielst vom Himmel nieder,
Hier wirst Du heimisch nie!

Ansicht

In Abenddämm'rung schwanken
Die Lilien hin und her,
Und frische Rebenranken
Bespült das glatte Meer.

Die Schatten steigen nieder,
Der Mond mit weißem Strahl
Bescheint die Höhen wieder
Rings um das stille Thal.

Von einer jener Stellen,
Gelehnt an Felsenwand,
Sieht man des Jordans Wellen,
So weiß wie ein Gewand.

Es ringt der Regen mit dem Winde,
Es ringt der Segen mit dem Fluch,
Es ringt das Alter mit dem Kinde,
Es ringt die Sage mit dem Buch.

Es ringt die Tugend mit dem Bösen,
Es ringt die Arbeit mit dem Gold,
Es ringt ein jeglich, jeglich Wesen:
Ob es, und ob es nicht gewollt!

Die Eingebung

Die Vögel singen ihr Morgenlied,
Man hört den Jubel im ganzen Gebiet,
Im Ost die purpurne Sonne glüht
Und sendet Strahlen nach West und Süd.

Allein in meinem stillen Gemach,
Umrankt von üppigem Blätterdach,
So saß ich träumend – ach, träumend wach –
Und dachte und sann gar eifrig nach –

Den Kopf auf beide Hände gestützt: –
»Hat es gezündet, hat es genützt?
Was ich geschrieben, so frei und frisch?«
Und kindisch schlug ich auf den Tisch.

»Ist dies der Lohn für alle Müh',
für Wirklichkeit und Poesie?
Wen kümmert's wohl, wer steht mir nah,
Steht Alles nicht noch feindlich da?«

Da horch, da sieh! Was sprengt heran?
Welch prächtiges, glänzendes Viergespann!
Apollo selber im Sonnenwagen:
Kannst Du Dich jetzo noch beklagen?

Unter den Linden

Die Blätter der Bäume fallen
Die herrlichen Linden entlang,
In allen Farben und Formen
Bestreut ist der reizende Gang.

Ihr Blätter und Bäume und Menschen,
Verschieden an Farbe so sehr:
Ein Windstoß weht Alles zusammen,
Man merkt keinen Unterschied mehr!

Edelweiß

Von den höchsten Bergen
Kommst Du so weit her!
Weiße, sammtne Blume
Intressirst mich sehr.

Hast gar viel gesehen,
Fels und Berg und Thal,
All' die grünen Seen,
Wunder ohne Zahl.

Und des Eises Grotte,
Und des Gletschers Wand,
Rauschende Luzzine,
Schwarz und weiß genannt.

Und den Savoyarden,
Streckend aus die Hand,
Seine dunklen Blicke,
Flehend, festgebannt.

Viel hast Du gesehen,
Fels und Berg und Thal,
Eis und Schnee und Seen,
Wunder ohne Zahl.

Deine Heimath, Blümlein,
Edelweiß genannt,
Ist ein kleines Eden,
Schön das Schweizerland.

Zwecklos scheint mein Leben
Ohne Zweck mein Sein,
Doch ein einzig Streben
Hüllt's in Dunkel ein. –

Ist's dereinst gelungen,
Wird vielleicht gesungen:
»Viel hat sie gethan,
Wenige sahn's ihr an.«

Die Gefangenen

Ihr Vöglein, die ihr in Freiheit,
Ihr Vöglein, jubelt laut,
Wir Andern leben in Knechtschaft,
Vor Kummer früh ergraut;

Die Menschen leben im Wahne,
Wir wären nur für sie da,
Zu ihrem Spiel und Vergnügen,
Zu ihrem Essen, ja!

Wir sind nicht zu ihrem Vergnügen,
Wir sind für uns selber da,
Die Menschen sind unsre Verwandte
Im Essen und Trinken so nah. –

Ihr Vöglein, die ihr in Freiheit,
O singet den Menschen nichts vor:
Die Menschen sind schlechte Verwandte!
So sangen die Vöglein im Chor!

Es wankt der Boden unter unsren Füßen,
Des letzten Morgenrothes heilige Parole,
Gesegnet schön und anerkannt von Pol zu Pole:
Die Menschlichkeit ist aus und Thränen fließen.

Es zieht die Nacht hinauf, die Schwerter blitzen,
Das Irrlicht sprüht, kein einzig klares Sternlein glüht,
Das zarte Blümlein unter Rosseshuf verblüht, –
Die Pulse glühn, die Leidenschaften sich erhitzen.

Was wird aus dieser späten Nacht entstehen?
Das Schönste, was man glaubt, es wird zum Raube,
Und Lieb' und Duldung liegen tief im Staube,
Was bleibt von allen Erdengütern da noch stehen?

Der müde Wandrer sitzet am Steg,
Vorüber eilet der Fluß,
Am Ufer lehnend, die Hände gekreuzt,
Und badet den müden Fuß.

Die Hände so braun und braun ist der Fuß,
Noch brauner ist das Gesicht,
Wo kam er nur her, der müde Gesell?
Wahrhaftig, ich weiß es nicht.

Die Nemesis, sie waltet
Bei Allem, was man thut,
Nehmt euch in Acht, ihr Menschen,
Die Nemesis nie ruht.

Nero's Angedenken

Wo bist Du hin, Du liebes Thier,
Das mir so treu gewesen,
Das sich vor Freuden nicht fassen konnt',
Durft' es in meinen Blicken lesen;

Das hoch hinauf zum Wagen sprang
Mit wonnigem Geschreie
Wenn ich nach Haus zurückgekehrt:
Ein solches Herz ist Weihe!

Ein solches Herz vergehet nicht,
Es lebt zu allen Zeiten,
Die Seele nur erkennt und liebt,
Nur Thoren es bestreiten.

Nicht mehr sprechen die Sterne,
Nicht mehr die Sonne zu mir,
Verstummt ist, ach, die Sprache,
Die allerschönste hier.

Es sprechen nur noch die Affen,
Die Masken alle zu mir,
Algebra der Dummheit sie reden,
Die häßlichste Sprache hier!

Die Blätter lautlos, die Vögel,
Ganz ohne Lied und Ton,
Die Reifen der Röcke nur klirren,
Wie Schimpf und Schande und Hohn.

Der stolze Heinrich

Zartes Blümlein wunderhold,
Zogest aus der Gartenwelt,
In das freie, offne Feld,
Helles Blümlein, duftend Gold!

Liebtest's nicht, im engen Raum
Einzeln, müßig dazustehen,
Steif und nutzlos auszusehen
Wie ein stilles Bild im Traum!

Nach der Aufführung
›Rudolfs II.‹ in Berlin

Der Lorbeer liegt in meinem Zimmer,
Der Himmel mir ihn gab!
Ich will ihn nächstens tragen
Auf meiner Mutter Grab.

O wißt ihr, was ich denke?
O nein, ihr wißt es nicht!
Wenn ich mich ganz versenke,
Dann denk ich ein Gedicht!

Ein leeres Bauer, ein leeres Haus,
Das sieht so triste und traurig aus,
Wo sind Deine Bewohner, Du leerer Raum?
Entschwunden, versunken, ein seliger Traum!

Es geht die Zeit den sichern Gang,
Den Gang zur Ewigkeit,
Die Zeit ist kurz, die Zeit ist lang –
Der Weg bald schmal, bald breit!

Motto: Der Weg zur neuen Bildung geht
Von Humanität
Durch Nationalität
Zur Bestialität.
(Grillparzers Gedichte.)

Zanket nicht, hetzet nicht,
Friedlich scheint das Sonnenlicht,
Laßt die Juden und die Christen
Ungekränkt ihr Leben fristen.

Zanket nicht, hetzet nicht,
Jedem scheint das Sonnenlicht,
Laßt die Christen und die Juden,
Muselmänner, Botokuden;

Lasset Alle ungestört,
Jede Feindlichkeit zerstört
Harmonien nah und fern!
Lobet Alle Gott, den Herrn,
Dessen güt'ge Vorsicht hört
Solch Gezänke gar nicht gern!

Wehmüthig,
Demüthig,
Viel verkannt und tief gebeugt,
Ist der Mensch, vom Weib erzeugt.

Untergeh'nde Sonne, sprich,
Wird es ewig dauern,
All das düstere Mißgeschick,
All das dumpfe Trauern?

Brüderlich, brüderlich,
Nennt die Welt das Ideal,
Die Utopie, die einstmal
Sich verwirklicht feierlich!

Weißt Du was, ich will Dir sagen,
Was die Weltgeschichte ist:
ein Gemisch von Thrän' und Klagen,
Falschheit, Grausamkeit und List.

Auch Goethe war nicht unfehlbar,
Was auch die Goethe-Jünger meinen:
Was sich nicht schickt, schickt sich für Keinen,
für Jeden das, was recht und wahr.

O Faust, Du Bild des Menschen,
Bald groß und klar, bald düster wild
Wer Dich gemalt, er war an Kunst ein Riese,
Gigantisch war der Stoff, und schön gelang das Bild.

Nicht Farbe und nicht Glaube,
Sie trennen uns nicht mehr,
Es fiel der Zeit zum Raube,
Was uns geschmerzt so sehr.

Du willst verbinden, was sich ewig flieht,
Die Tugend mit dem ird'schen Glück?
Wie sich Dein Geist auch drum bemüht:
Eins weichet vor dem Anderen zurück.

Gott ist groß, Dein Sinn kann ihn nicht fassen, –
Kannst Du Sterne zählen, des Meeres Wellen? –
Lieb' und Güte, Gnade, die er Dir erweist,
Notir' so viel Du kannst, wenn's auch unzählbar ist.

Der Scheintodte

Und er schlief und schlief so lange,
Daß ihn keine Macht mehr weckte –
Unsichtbar beim Grabgesange
Sich der Todtgeglaubte streckte.

In die Wolken möcht' ich fliegen,
In die Sonne möcht' ich sehen!
Jedes Vorurtheil besiegen
Und als Sieger vor euch stehen.

Die Fenster sind gefroren,
Wie eis'ge Blümlein, schau:
Das sind die falschen Menschen,
Auf menschlich schöner Au!

Wie niedrig lächelt die Dirne,
Wie spiegelt sich drin ihr Herz,
Kein Lächeln ist's der Gestirne,
Nur Glanz von gemeinem Erz.

Und der Himmel lacht mir wieder,
Und die Sonne scheinet hell,
Und es tauchen auf die Lieder
Wie ein unversiegter Quell.

An der Tugend nur genippet,
Und die Bosheit ausgetrunken, –
Also sind die armen Menschen
In ihr liebes »Ich« versunken.

Lauter Zank, 's ist eine Zeit des Leidens,
Alles freilich, es hat seine Zeit –
Zeit des Zankens – Hetzenzeit – des Meidens:
»Bet' und zanke« heißt's in neuester Zeit!

Auf der Höhe stehen Bäume
Große Menschen haben Träume,
Träume, die im Himmel schweben,
Die nicht an der Scholle kleben.

Ist's der Dichtung Loos,
Traurig sein?
Schmerzen klein und groß
Ziehn ins Herz hinein.

Schmerzen, klein und groß,
Ziehet endlich aus,
Nicht der Dichtung Loos
Ziemet Weh und Graus.

Unnütz lyrisches Gesinge,
Unnütz lyrisches Geklinge
Gehst Du mir nicht aus dem Sinn,
Schreib' ich auf's Papier Dich hin.

Auf allerlei Hetzen

Das ist ein helles Zanken,
Ganz ohne Unterlaß,
Für dieses kurze Leben
Hat man nicht Zeit zum Haß!

Die weiße Rose am längsten blüht,
Am stillsten das weiße Röslein glüht,
Am tiefsten fühlet ein reines Gemüth:
Daß Gott alle Beide vor Schaden behüt'!

Freundlich gucken meine Blicke,
Hoffnungsvoll den Himmel an,
Einem freundlichen Geschicke
Harrt getrost der fromme Mann.

Zu allem Guten sage ja,
Zu allem Bösen sage nein,
Das Eine dort, das And're da:
Beisammen können sie nicht sein.

Dieselben Bäume hier wie dort,
Dieselben Gräslein hier wie dort,
Dieselbe Sprache hier wie dort,
Und dennoch bleibt's ein fremder Ort.

Es stürmt so viel auf mich herein,
Mag sein, mag sein,
Das Gute find't ja doch Gedeih'n,
Und einmal sehn es Alle ein.

O ist's denn ganz unmöglich,
– Was doch nicht ganz unsäglich –
Daß Alles glücklich wär?
O, wenn's doch möglich wär!

Auf einen Müßiggänger

Was ist das Häßlichste auf Erden?
Das Häßlichste bist Du!
Du willst nicht wachsen, willst nicht werden,
Du pflegst der süßen Ruh'!

Vor Schillers Denkmal in Berlin

Hast erhoben die Nation,
Großer, deutscher Volkessohn,
Klein im Leben ward dein Lohn –
Kleiner noch in Gyps und Thon.

Die Sonne gehet strahlend unter,
Nur scheinbar, Freund, nicht in der That –
Der Vorhang fällt so rasch herunter, –
Daß man nur ihn gesehen hat.

Nero

In den Augen meines Hundes
Liegt mein ganzes Glück,
All mein Innres, krankes, wundes
Heilt in seinem Blick.

Schöner Stern
Hab' Dich gern,
Schau'st in's Fensterlein,
Und ins Herz hinein.

Schönste Zier
Strahle mir,
Bist so ganz allein,
Stolzes Sternelein.

Gott segne die Armen,
Gott segne sie,
Sein reiches Erbarmen
Verlasse sie nie!

Die Armen, die Armen
An Glauben so reich,
An Gottesvertrauen
Den Glücklichsten gleich.

Dorten aus der grünen Hecke
An des Gartenzaunes Ecke
Schaut mein Schatz heraus:
Haare braun, nicht kraus;

Klein Gesichtchen rund,
Kirschenrother Mund;
Augen braun, nicht blau:
Wird bald meine Frau!

Gehabt euch wohl, Gott segne euch,
Euch All' im Sonnenlicht,
Dich Vöglein, Röslein, Immergrün,
Die Dornen und die – Würmer nicht!

Die Ärzte, Philosophen gleichen –
Der große staunt und betet an,
Der kleine sieht in Gottes Reichen
Sich selbst als größtes Wunder an.

Beschränktheit absolut dictiret!
Die Weisheit bleibt ihr fremd und fern –
Wen nie der Genius berühret,
Ein solches Männchen täuscht sich gern.

Wer Niemand über sich zum Richter,
Wer niemals sagt: ich weiß es nicht, –
Der taugt zu keinem höh'ren Richter
Mit seinem unfehlbaren Licht.

Einst. An meine Mutter

Komm Geliebte, meiner Seele,
Komm und still' die Sehnsucht mir,
Meinen Schmerz ich nicht verhehle,
Wenn Du, ach, so fern von hier!

Dieses Hoffen, dieses Bangen,
Diese ew'ge Qual und Lust,
Dieses mächtige Verlangen,
Dieses Klopfen meiner Brust.

Doch es ist kein leeres Sehnen,
Ja, Du kehrst, Du kehrst zurück,
Schaust in meine Freudenthränen,
Mit dem schönen, lieben Blick!

Wirst schon nie mehr von mir weichen,
Wirst schon niemals fort von hier,
Ach, es giebt nicht Deines Gleichen,
Mir ist doch nur wohl bei Dir!

Einst. An meine Mutter

Ich wünsche Dir alles Gute,
Und wünsche Dir alles Glück!
Des Schicksals eiserne Ruthe,
Sie weiche vor Dir zurück.

Ich wünsche Dir schöne Träume,
Und schönere Wirklichkeit,
Und üppige Blüthenbäume
Und stete Fröhlichkeit.

Ich wünsche Dir ein Jahrhundert,
Und Frische der Jugend dabei,
Damit sich ein Jeder verwundert
Wie rüstig die Edle sei!

Doch was ich für mich ersehne,
Das rathest Du alsobald:
Mein Ohr vernehm' Deine Töne,
So lang ihm noch etwas schallt!

So lange es fähig, zu hören! –
Mein Auge, so lange es sieht –
Sie mögen Dich sehen und hören! –
Mein Herz, das für Dich erglüht;

Es möge Dich wonniglich fühlen,
Bevor es von hinnen zieht!
Dann scheid' ich mit Dankesgefühlen,
Mit einem zufriednen Lied!

Zum 9. Juli, dem Todestage derselben

Erde stehe still, Sonne scheine nicht,
Fürchterlich ist dieser Tag!
Jenes Engelsangesicht
Sterbend mir vor Augen lag.

Sonne scheine dort, wo dorten sie erschien –
Strahlen wirf auf ihren Pfad.
Englein alle müßt entgegen ziehn,
Wenn die Allereinste naht!

Ewig, ewig waren wir vereint,
Eins in Wort, Gedanke, That,
Uns nur Gott geschieden hat! –
Daß er unser Fleh'n verneint,
Uns im Tode nicht vereint,
Ist verhüllt in seinem Rath!

Jetzt

Grüßt mich mein Mutterlieb?
Ist ihr nicht bang?
Ach, schon so lang
Ist's, daß sie fortblieb:

Dort in der Ferne
Kreisen die Sterne,
Sphärische Lieder,
Rauschend Gefieder,

Dorten ihr Bild,
Sehn wir uns wieder,
Tönen die Lieder,
Mutterlieb, mild!

Wo sich Epheu schlingt,
Eine Hand mir winkt,
In der Mutter Gruft
Eine Stimme ruft:
Dich hab' ich geliebt! –

Weine nicht, mein Kind,
Unsterblich wir sind,
Seh'n uns wieder einst,
Unwürdig Du weinst,
Gott uns wieder giebt!

Meiner Mutter lichtes Bild,
Meiner Mutter sanft Gesicht
Meiner Mutter braune Augen,
Alles dieses seh' ich nicht.

Aber tief im Busen lebt,
All der unversehrte Glanz,
Ihres Wesens Schönheit schwebt
Über mir im Himmel ganz!

Zwei Blümlein blühen am Aronstab,
Ach, Beide überdauern das Grab;
Das weiße liebliche Blümelein,
Das schenkte mir mein Mütterlein.

Mein Mütterlein, so hold und rein,
Wie dieses lichte Blümelein:
Ihr Blümlein überdauert das Grab,
Im Jenseits grünet der Aronstab!

Eine Blüthe seh' ich prangen,
Eine Blüthe rosenroth,
Hält mein ganzes Herz gefangen,
Ach, mein Herz – ich glaubt' es todt.

Ach, meine Mutter, fänd' ich Dich wieder –
Ach, in der Welten unendlichem Raum,
So würd' ich Dich suchen mit allen Kräften,
Wie jetzt ich Dich suche im Wachen und Traum.

Vor der Mutter Bild

Fast strenge sah sie zu mir nieder –
»Gefallen Dir nicht meine Lieder,
Die ich ja oftmals von Dir singe?
Bin ich nicht gut und treu und bieder?
Und thu' ich jemals schlechte Dinge?«

Antwort

»Du thuest gut, doch nicht so, wie du solltest,
Und lange nicht so gut, als wie du's wolltest –
Dir ward das höchste, schwerste Ziel: Erringe
Es ganz! Sonst sieht es aus, als wenn Du schmolltest,
Daß aufgegeben Dir die größten Dinge!«

Wenn man die Mütter aus der Erde graben könnte,
Dann würden alle Menschenhände graben,
Mit einer Eil', als wenn es brennte:
Denn Jeder will die Mutter wieder haben.

Wenn man die Mütter aus der Erde könnte graben,
Dann wäre Sonnenschein bei Tag und Nacht auf Erden,
Und Alle würden wieder frohe Kinder werden,
Wenn sie die Mütter würden wieder haben.

Ein Jubelschrei, er würde rings ertönen,
Ein Glück bei Armen und bei Reichen,
Ach, reich sind Alle, welche nie vom Mutterherzen weichen.

Ein Lieben ohne End' und Gleichen –
Das Wiederseh'n nach lang' getrag'nem Sehnen,
Nach stillen, lauten, heißen Thränen!

Klara Wuras

Klara Wuras, lebst nicht mehr,
Bist der Welt so ganz entrückt?
Eine Blüthe, schon geknickt –
Ach, an Tönen warst ein Meer. –

Tausend Melodien strömten,
Brausten, Klara, auf's Klavier –
Ließest Deine Saiten hier?
Deiner Töne Schmelz – verschämten?

Venetianisch süße Lieder –
Deiner Brautfahrt Melodei –
Klinget in dem Herzen wieder. –

Goldne Wogen strömt herbei –
Rauschen wie des Aars Gefieder –
Klara's große Phantasei.

Das Leben

Schwestern, Brüder, laßt uns leben,
Leben ist gar hohes Gut,
Machet stark die freie Seele,
Frischet auf den Lebensmuth!

Ist das Herz euch so verdorben,
Daß das Leben euch nicht lieb?
Ist das Feuer schon erstorben,
Daß der Geist euch schwach und trüb?

O vergeudet nicht die Kräfte
In der eitlen Sinnenlust!
Werfet ab den Staub zur Erde,
Wenn ihr euch des Staubs bewußt!

Schließt das Leben in die Arme,
Bis es euch zum Herzen dringt,
Laßt den Arm nicht kraftlos hängen,
Der das *Gute* gern vollbringt!

O die Macht, die uns gegeben,
Wer weiß, ob sie wiederkehrt?

Ob die Macht, die klein uns dünket
Einst uns auch noch angehört?

Brüder, Kindheit ist das Leben
Eines höhern Lebens dort.
Laßt der Kindheit würdig leben:
Gott hält uns dort droben Wort!

Franzensbad

Auf der Franzensbader Höhe
Steht ein prächtig Säulenbild,
Franz der Kaiser, wie im Leben,
Würdig, sinnig, ernst und mild.

Welcher Meißel, welcher Zauber
Hält die Blicke festgebannt,
Schönes letztes Werk des Künstlers,
Schwanenthalers Meisterhand.

Graf von Münch von Bellinghausen,
Dessen Name einst ein Glanz,
Weihte jenes große Denkmal
Seinem Freunde Kaiser Franz.

Hannah Thorsch

Eine Blüthe abgefallen! – 147
Ach, die lieblichste von allen,
Unsre Hannah fiel,
Hin ist Lust und Spiel.

Alle Freuden jäh verhallen,
Klagen überall erschallen,
Ach, noch oft und viel,
Ohne Zweck und Ziel. –

Klaget nicht, die Seelen leben,
Glücklicher sie sich erheben,
Und von Welt zu Welt sie schweben –
Ganz entrückt dem niedren Staube,
Keinem Schmerze je zum Raube:
Das ist des Deisten Glaube!

Heinrich Heine

Ruh' in Frieden, großer Dichter, 149
Ruh' in Frieden, Dichtergeist,
Ruh' in Frieden, Herz voll Saiten,
Das kein Mißton mehr zerreißt.

Oder singe, spiele weiter,
In der selbstgeschaff'nen Art
Jener Lieder süße Worte,
Unvergleichlich, geistvoll, zart:

Von des Fichtenbaumes Träumen
In des Nordens kalter Höh',
Von der armen Sünderblume,
Von Ramiro's düstrem Weh'!

Singe in des Himmels Sphäre,
Alle Engel stimmen ein,
Witzli Putzli sei vergeben –
Alle Poesie ist rein!

Für Ferdinand Freiligrath

Liebt die Dichter! Seh't, sie geben
Euch das Beste, was es giebt!
Sie verschönern euch das Leben,
Dankbar Gegenliebe üb't!

Blümlein wachsen, Wolken ziehen,
Im Verborgenen wächst Metall,
Eisen brechen, Sonnen glühen,
Im Kontrast gedeiht das All!

Jedes soll vom Seinen geben,
Schönheit wird zur Harmonie,
Reicher, edler wird das Streben,
Es entsteht die Poesie! –

Kennt ihr nicht der »Blumen Rache?«
Nicht des Schwarzwalds braune Maid?
Eines Volkes Ehrensache
Ist des Dichters Feierkleid!

Leipziger Lerchen

Die lieblichen Sänger des Feldes,
Ach, nackt, und zum Fraße bereit,
Ihr werdet doch Lerchen nicht essen?
Mein Gott, ihr wär't nicht gescheidt!

Die Lerche, die wahre Poetin,
Zum Himmel schwingt sie sich auf,
Ihr Nestlein sorglos am Boden,
Die Senner treten darauf.

Allein der Bauer vom Lande,
Er hat ein natürliches Herz, –
Mit Schonung schwingt er die Sense,
Die Sense von Stahl und Erz.

In Leipzig aber schlachten
Die singenden Kehlchen sie,
– Ach, nackt und klein zum Erbarmen –
Ein Schlachten der Poesie!

Droschkau

Gott im Himmel, sei gnädig,
Schütze dieses Dorf!
Schütze diese grünen Auen,
Diesen Moor und Torf.

Diese Wiesen, diese Felder,
Dieses stille Thal,
Diese dunklen Fichtenwälder,
Sängers Ideal!

Ihr wißt schon, wen ich meine,
Die Stadt liegt an der Seine,
Entschieden ist's die schönste Stadt
Die man wohl je gesehen hat,
Die man wohl je gesehen hat.

Sie hat ein wunderbar Gesicht,
Ihr Haar ist lang und ist auch dicht,
Und zauberhaft wie ein Gedicht
Ihr Wort zu meinem Herzen spricht,
Ihr Wort zu meinem Herzen spricht.

Du kennst ach, die Geschichte nicht,
Und wie das Herz ihr brach und bricht,
Der Mond strahlt kalt und reine,
Die Stadt liegt an der Seine,
Die Stadt liegt an der Seine.

Vor Hermann Bödekers Bildniß

Von Goethe's Anblick überrascht,
Nach Worten einst ein Kaiser hascht,
Er sah ihn lange forschend an,
Und rief dann aus: »Das ist ein Mann!«

Ein wahrer Mensch – ja, ja, ganz recht!
Des Menschen Typus, ganz und echt,
Trägt an der Stirn ein geistig Mal
Von seinem innern Ideal:

Wenn Wahrheit kündend die Gestalt
Das Schöne zeigt mit Allgewalt, –
Und thatverkündend vor uns tritt
Mit menschlich schönem Heldenschritt,

Dann sind wir tief und froh bewegt,
Und unser Herz nur Segen hegt:
Denn selten ist der Anblick nur
In unsrer kleinlichen Natur.

Man rühmt als große Seltenheit
Das Götterfeuer Menschlichkeit, –
(Es reiht Geschlecht sich an Geschlecht,
Selbstsüchtig, kleinlich, ungerecht!).

Ihr Funken hat fast ausgesprüht,
Er lodert nicht, und nicht er glüht –
Als Irrlicht nur noch auf dem Plan,
Stirbt er im Sumpf – im dunklen Wahn –

Wie ander's ist's bei Dir: hinauf
Zum Himmel schlägt die Flamme auf,
Als Leuchte spendend rings ihr Licht,
Dein Name, er verlöschet nicht!

Es sitzt der Dichter zu Gericht,
Sein Urtheil schreibt er im Gedicht,
Und wer dem Ideale gleicht,
Begeistert er die Palme reicht.

Das Lied der braven Frau*

154 Ein Jeder kennt im deutschen Gau
Das Lied vom braven Mann.
Mit Recht so mancher fragen kann:
Gieb's keine brave Frau? –

Die »brave Frau« ist mir bekannt:
Wer kühn das Vorurtheil zertritt,
Voraus uns geht mit Riesenschritt –
Ein Beispiel für das ganze Land; –

Was uns're Zeit begriffen kaum,
Was Mancher kaum zu denken wagt,
Die »brave Frau« gab unverzagt
In wackrer That der Wahrheit Raum! –

»Der Wahrheit Raum«, der erste Schritt
Im Kampf für Alle, Aller Wohl –
Das ist das Allerbravste wohl –
Wo mancher Held schon seitwärts glitt. –

Dies Lied sing ich der braven Frau,
Die einfach »Christel Wiesen« heißt,
Gefeiert sei ihr Herz und Geist,
Als Vorbild hoch im deutschen Gau.

* Frau Wiesen auf Egestorf erklärte sich zuerst für die Leichenverbrennung. Anmerkung der Verfasserin.

Auf das Zimmer meines Vaters,
des Rittergutsbesitzers
Joachim Kempner auf Droschkau

Fast verfallen ist das Fenster,
Keiner wohnt im Zimmer drin,
Der Erinnerung Gespenster,
Sie umnebeln meinen Sinn.

Wohnt' der Vater nicht leibhaftig,
Wie das Leben selber drin?
Wünschend, wollend, einzig-kräftig,
Stets mit *einem* frischen Sinn?

Blaue Augen, braune Haare,
Stark und groß, ein Riese fast,
Ungebleicht trotz sechzig Jahre,
Urgeschäftig ohne Rast!

Und verschwunden ist das Alles,
Die lebendige Gestalt,
Und kein Nachhall eines Schalles,
Mehr aus diesen Fenstern schallt!

O, die Träume nur, sie leben,
Und die Wirklichkeit, sie stirbt, –
Nur der Dichtung Reich entschweben
Geister, die kein Hauch verdirbt!

Dem Priester-Philanthropen
Franz Marson

Gleich selten auf dem Throne,
Wie im geweihten Kleid,
Ein Räthsel für die And'ren,
Wer And'ren sich geweiht.

Zum 70jährigen Geburtstage
eines Onkels

Was auch die Menschen trennt, die Geister scheidet,
Eins giebt's, was alle Welt verehrt,
Die Tugend mit dem reinen Strahlenkranze,
Die uns sich selbst vergessen lehrt.

Wer so wie Du in ihr gelebt, gewandelt,
Sie liebend keinen Augenblick verließ,
Mit aller Kraft und Lust nur gut gehandelt,
Zu jeder Zeit man gerne pries!

Ob viel geprüft, gekämpft, ob viel gelitten:
Bewußtsein heißt das inn're Glück,
Den Allerbesten ward nicht mehr beschieden –
Kein höh'res strahlt vom Thron zurück.

Daktylen, Jamben, Trochäen,
Sie schließ' ich in einen Bund,
Die Regel sie ewig zu trennen
Hat keinen vernünft'gen Grund!

Nicht Stände giebt es und Kasten
Im Reiche der Poesie,
Das Mannigfache im Schönen,
Es bildet die Harmonie!

Oft ist verhaßt
Und gilt als Last
Wer engelsrein,
Denn nur der Schein
Und der Bombast
Er gilt allein.

Wär' ich ein Vögelein
Und wär' ich noch so klein,
Flög' ich von Feld zu Feld
Rasch durch die ganze Welt!

Man sagt, die Liebe wäre blind,
Ich sage: Haß und Groll es sind:
Von Einsicht seh' ich keine Spur
Die Hasser hassen eben nur.

Holden Träume, ging't verloren,
In des Lebens Dunkelheit,
Bleibt zum Traume auserkoren!
Traum ist keine Wirklichkeit.

Nicht im Reichthum wohnt das Glück,
Ach, es weichet scheu zurück
Vor den vielen Eitelkeiten,
Die sich rasch durch's Geld bereiten:

Nicht im Reichthum wohnt das Glück,
Ach! es weichet scheu zurück
Vor dem vielen Überflusse
Und dem dummen Scheingenusse.

Als Jemand beim Anblick
einer armen Frau
den Kopf wegwendete

Wendest Deinen Blick Du nicht
Weil das Mitleid zu Dir spricht?
Spricht von Deiner Menschenpflicht?
Mensch, o täusch' Dich selber nicht,
Wende nur den Kopf zurück:
Helfen ist das größte Glück!

Grüne Saaten, grüne Blätter,
Braune Stämme, gelbes Schilf,
Ach, der Landmann mit den Sorgen,
Gott, dem armen Landmann hilf!

Sperrt euch ein in große Städte,
Athmet ein die dicke Luft,
Die ein And'rer ausgeathmet –
Unbeschreiblich süßer Duft!
Brauchet dann noch eine Kur
Eine Morphium-Mixtur,
Und ihr bauet eine Kluft
Zwischen euch und der Natur:
Ach, ihr bauet eure Gruft!

Kälte

Kälte, eis'ge Kälte
Wärme nur belebt!
Auf so manchem Antlitz
Ganzes Eismeer schwebt.

Der Egoist

Und schliefest Du, Schläfer, noch einmal so lang,
Erwachen wirst Du schwer und bang
Im liebeleeren Raume –
Aus Deiner Selbstsucht Traume –
Dein »ich« so traurig und so bang –
Und das Erwachen währet lang.

Feldarbeit

Arme Menschen, arme Thiere,
Ist's noch finster, müßt ihr raus!
Arme Thiere, arme Menschen,
Lang' ist's finster, geht's nach Haus.

Ein Reiter auf der Haide,
Er trägt ein Wams von Seide,
Ein weißes Wams, 'n schwarzen Hut,
Er scheinet noch ein junges Blut,
Er scheinet noch ein junges Blut.

Er führt sein Pferd zur Weide,
Zu einer Trauerweide,
Dort harret, ach, die Liebste sein
Mit Augen frisch, wie Bächelein,
Mit Augen frisch wie Bächelein.

»Du, meine Augenweide,
Mein Blümlein auf der Haide,
Du gleichst dem Reh im dichten Wald,
An wunderlieblicher Gestalt,
An wunderlieblicher Gestalt!«

So schmeichelt auf der Haide
Der Ritter in der Seide,
Der schlanken frischen Bauernmaid:
Er hat sie aber nie gefreit,
Er hat sie aber nie gefreit.

Der Mond erscheint,
Er hat geweint.
Man sieht es ihm an
Dem traurigen Mann.

Aus jenen Höhn
Hat er gesehn
Des Bösen so viel –
Gefährliches Spiel. –

Die Menschen all',
Sie spielen Ball
Mit jeglichem Gut,
Mit Flamme- und Gluth;

Der Weisheit taub,
Der Thorheit Raub,
Dem Bösen so hold,
Und so hold dem – Gold.

Der Mond erscheint,
Ach, ganz verweint,
Er sah zu viel
Vom bösen Spiel.

Lord Byron

Eine Blume blühet
Dunkler Horizont –
Bei dem schweren Wetter
Schwerlich sie sich sonnt.

Eine Blume blühet –
Dunkler Horizont –
Schwarze Wellen peitschet,
Schäumt der Hellespont;

Eines Mannes Hand
Tauchet oben auf
In der Fluthen Lauf.

Byron schwamm an's Land
Wo die Blume stand
Gab den Geist er auf.

Zertrümmert das Leben,
Zertrümmert das Glück,
Die Freuden, sie schweben,
Ach, niemals zurück.

Geopfert das Leben
Der höchsten Idee –
Umsonst es gegeben –
Wem thät' es nicht weh?

Geopfert das Leben
Dem menschlichen Glück,
Sie schlugen das Streben,
Zerschlugen's in Stück'. –

Geopfert das Leben
Der höchsten Idee –
Umsonst es gegeben:
Wem thät' es nicht weh!

Die Wolken sich thürmen
Am himmlischen Zelt,
Gepeitschet von Stürmen
Ein Strahl sie erhellt;

Ein Sonnenstrahl eilet
Zerstreuet sie bald,

Im Nu sie zertheilet
Des Lichtes Gewalt.

Im menschlichen Leben
Erleuchtet ein Strahl
Des Friedens manchmal
Die menschliche Qual:
Die Wolken entschweben,
Die Freuden sich heben.

Auf des Lebens Ocean
Fährt der Dampfer stolz geehrt,
Mancher, ach, im schwanken Kahn
Stehend jeder Welle wehrt.

Seht das Schiff mit sichrer Hast
Fast im Hafen liegt –
Und der Nachen ohne Rast
Auf den Wogen fliegt.

Himmelhoch und Abgrundstief
– Gott, der Mensch zu Hilfe rief –
Endlich er vor Anker lief;
Doch es rennt des Dampfers Last
An der Klippen mächt'gen Ast
Und zerschellet Kiel und Mast.

Lied

168 An Waldes Saum, an Waldes Saum,
Da träumt das Blümlein einen Traum,
Da träumt das Blümlein einen Traum.

»Mir ist so weh, mir ist so bang
Drum sing' ich diesen Minnesang
Drum sing' ich diesen Minnesang;

Ihr Zauberblick, ihr Riesenschritt,
Er nahm mir all die Ruhe mit,
Er nahm mir all die Ruhe mit.«

Zu Ende war des Blümleins Lied,
Das Blümlein sang's und es verschied –
Das Blümlein sang's und es verschied –

Wen es wohl so geliebet hat,
Das blaue Blümlein todesmatt?
Das blaue Blümlein todesmatt?

Ich wette, ihr errathet's nicht,
Drum sag' ich's euch ins Angesicht,
Drum sag' ich's euch ins Angesicht:

Das Blümlein hat die Pflicht geliebt –
Die Pflicht hat seinen Kelch zerstiebt,
Die Pflicht hat seinen Kelch zerstiebt.

Und als man ihm ins Herze sah,
Da lag das Herz entblättert da,
Da lag das Herz entblättert da.

Kennst Du vielleicht ein Land,
Wo keine Bösen sind?
Das wär' mein Heimathland,
Ich ginge hin geschwind.

Kennst Du vielleicht ein Land,
Wo Niemand Böses thut?
Das wär mein Heimathland,
Für Das gäb' ich mein Blut!

Bitterböse ist das Leben,
Und vergeblich alles Streben
Nach dem höh'ren Ziel:
Alles bleibt ein Spiel,
Illusionen es umschweben,
Die sich nie als Wahrheit geben.

Menschliche Hilfe ist bald kaput,
Göttliche Hilfe allein es thut.

Mich greift die Langeweile,
Ich schreibe keine Zeile,
Kein Vogel gedeiht in solcher Luft,
Wo Alles nur nach Gelde ruft;
Wo Alles raset nach Gewinn,
Kommt einem gar kein Lied in Sinn;
Die Bäume stehen öd' und leer,
Man hört kein einzig Zwitschern mehr!

Stimmung

Kalt von außen und von innen,
Alles kalt und freudlos nur,
Und von Wärme und von Sonne
Und von Freude keine Spur.

Auf meinem Gesicht
Steht ein Gedicht,
Drin ist zu lesen,
Wie 's stets gewesen.

Der Traum der Poesie,
Der Reiz der Phantasie,
Der Kindheit Glück:
Nichts kehrt zurück.

Vor meiner Mutter Bild

Ich sah Dich heut im Traume
An eines Waldes Saume,
Du sprachst ein großes Wort:
»Mein Kind, geh' eilig fort.

Auf, zögere nicht mit Säumen,
In lieblos engen Räumen
Versteht man kein Gedicht
Und auch – Dich selber nicht!«

Vor demselben Bilde meiner Mutter

Wenn Du noch wärst am Leben,
Dann lohnte sich's fürwahr –
Doch da du nicht am Leben,
So lohnt sich's nimmerdar.

Goldner Sonnenschein
Steigt zum Fenster ein:
»Weil Du so allein
Will ich bei Dir sein.«

Gegen den Selbstmord

»Hinab in die Fluth, hinab in den Tod,
In das sehnlichst erwartete Nichts,
Kein neues Tagen, kein Morgenroth
Und kein Funken lebendigen Lichts. –«

Betrogener Wahn, ach, allüberall
Ein neues Tagen, ein Morgenroth,
Stets kreiset ein neuer Sonnenball:
Und es giebt, ach, gar keinen Tod.

Die Nachtigall schlägt,
Der Frühling ist da,
Das Herz ist bewegt,
Die Freude ist nah!

Die Freude ist nah,
Das Herz ist bewegt,
Der Frühling ist da,
Die Nachtigall schlägt!

Ich weiß eine große Geschichte,
Die meisten *fühlen* sie nur:
Das Leben ist ein Gedichte,
– Und oft eine schwere Kur. –

Verschieden sind ja Gedichte,
Das eine rosig und licht,
Das andere hat Blei-Gewichte,
Und macht ein bittres Gesicht.

Die stille Thräne

Die Thräne, ach, die stille,
Nur sie brennt heiß,
In ihr wohnet der Wille:
»Daß Niemand davon weiß –«

Daß Niemand ahne, sähe,
Wie sie dem Aug' entquillt,
Ein Aug' in höchster Höhe
Sie dennoch sieht und – stillt.

Nicht immer ganz – nicht immer –
Oft bleibt zurück ein Schimmer,
Ein glänzend feuchter Glanz –
Wie Perlen oder Glimmer –
Doch trocknen alle Thränen,
Winkt jäh ein Lorbeerkranz!

Deutsche Bildung, deutsche Sitte,
Deutsche Hetze, Kampfkultur,
Kultivirte Kämpfe nur,
Humanisten, schweigt, ich bitte,
Denn im goldnen Reich der Mitte
Ist von Hetze keine Spur,
Und ob solcher Unnatur,
Lacht Franzose, Däne, Britte.

Großer Friedrich, armer Kant,
Leibniz, Lessing, Hufeland,
Jäh vergessen von der Welt,
Wenn Sophist und Köter bellt
Wird das deutsche Vaterland,
Gar mit Rußland gleichgestellt.

Unschuldig verurtheilt sein
Ist ein Unglück, das nicht klein,
Doch natürlich ist es fast
Trifft den Richter keine Last –

Keine Schuld – ach unfehlbar!
Ob ein Richter stets es war?
Straflos darf ein Richter sein?
Darauf sagt ein Jeder nein!

Wintergemälde

Es schneit im Wald
Unheimlich kalt,
Ein Mann versinkt im Schnee;
Sein Ach, sein Weh
Verhallet bald
Im großen Wald.
Die Jagd, sie naht,
Zertritt die Saat;
Ein angeschossen blutend Reh
Versinkt im Schnee,
Die Büchse knallt,
Der Schuß verhallt.

Hundegebell im Fleischerladen

Mit Hunden hetzen sie das arme Thier,
Mit Kolben stoßen sie's zu Tod!
Ist's nicht genug an Wein und Brot?
Nach Blut lechzt die Begier.

Von Moral ist keine Spur,
Alles strebt nach Schlauheit nur,
Jeden listigen Betrug
Nennt man »Usus«, oft auch »klug«.

Kränk' Dich nicht,
Gräm' Dich nicht,

Plötzlich scheinet Sonnenlicht,
Auch die Finsterniß wird hell,
Auch das Glück, es schreitet schnell –
Und verstummt ist das Gebell!

Versunken ist das Glück
In bodenlose Tiefe,
Nichts bringt's zurück:
Es ist, als wenn die Gottheit schliefe.

Beim Anblick eines prachtvoll
gewesenen Bouquets

So sieht es aus das Irdische
Nach kurzer Zeit!
Das sind die blendenden Irrwische
Der Zeitlichkeit!

Es schläft die Welt, es ruhen alle Herzen,
Nur meines nicht –
Ob Bösewichter Herzen haben?

Bei mir brennt Licht:
Wie ist solch dunkeln Räthsels Sinn zu lösen?
Sie denken nicht –
Und nur Phantome, ferne Schreckensbilder,
Sind ihnen Recht und Pflicht.

Besessen ist die Welt
Von Eigennutz und Geld,
Und Alles zum –
Verzweifeln dumm!

Parteilichkeit, Parteienhaß,
Das schaut so grün und wird so blaß –
Von Schlang' und Nesseln ein Gewühl! –
Welch unnatürliches Gefühl!
Welch unnatürliches Gefühl!

O kurze Zeit, des Lebens Zeit
Noch kürzer durch Parteilichkeit
In Confession und Politik:
Parteienhaß hat keinen Schick!
Parteienhaß hat keinen Schick!

Ginge es nach meinem Herzen,
Würde Allen ich vergeben,
Allen Denen, welche leben:
Jene tausend Qual und Schmerzen,
Welche sie mich ließen leiden,
Kann sie darum nicht beneiden –
Wälzten sich im goldnen Koth –
Doch – vom Leben geht's zum Tod.

O Gott, Du weißt am Besten was uns frommt,
Und gut ist Alles, was von Deiner Güte kommt,
Allein die Menschen sind so schwach:
Sieh' ihnen lieber Alles nach!

Giebt's ein Glück?
Gab's ein Glück?
Ich bezweifl' es sehr!
Giebt es ohne Sturm und Angst
Irgendwo ein Meer?

Der Himmel ist hell,
Das Feld es ist weiß,
Es leuchten so kalt in der Ferne
Unzählige silberne Sterne.

Die Nacht ist lang
Der Traum ist bang
Viel Geister, sie fehlen hienieden,
Geb' Gott den Fehlenden Frieden!

Es eilt der Fluß
Die Wiese entlang,
Ein Vöglein hüpft
Dabei und sang,
Doch da der Fluß
Kein Ende nahm
Das Vöglein müd'
Zurücke kam,
Und sang nicht mehr
Und grämt sich sehr,
Weil's, ach, so schwer –
Ach, gar so schwer,
Und freut sich nie:
Weil alle Müh
Ihm nicht gedieh –
Ihm nicht gedieh.

Im Traum sah ich die Mutter heut,
O golden süßer Traum! –
Ich sah sie so schön und wunderbar,
Wie oft im Leben kaum.

Was kommst Du zu verkünden mir
Du liebes Engelsbild? –
»Mein Kind, vergieb die Sünden all,
Sei immer gut und mild!

Sei auch den Sündern gut gesinnt,
Die Lüge ist ihr Brauch –
Ein täglich wiederkehrend Gift –
Vergieb den Sündern auch.«

Einen Vers soll ich Dir machen;
Verse, Freund, sie sind verschieden
Wie das Leben ist hienieden
Oft sehr ernst und oft zum Lachen –
Will 'nen heiteren Dir machen:
Heiterkeit sei Dir beschieden,
Allen Denen, die hienieden,
Man kein X für U kann machen; –

Den Studenten,
Die nie flennten,
Die mit eignen Ohren hören,
Nie auf eine Dummheit schwören,
Nimmer süßlich sich bethören,
Nie in falsche Schlingen rennten.

An Diejenige,
welche immer das Böse
von mir abwehrte

Vom Himmel schau hernieder,
Und segne meine Lieder,
Und halte Bosheit fern,
Ich meide sie so gern;
Die Bosheit eilt mir nach,
Ist ewig für mich wach,
Verfolgt mich schon so lange:
Die dumme gift'ge Schlange!

Sei ein Held, ertrag' die Leiden,
Laß Dein Aug' daran sich weiden,
Laß Dein Aug' daran sich weiden,
Sei ein Held, ertrag' die Leiden.

Depuis que je suis né, j'ai vu la calomnie
Exhaler le venin de sa bouche impunie.
Voltaire

Kennt ihr sie nicht die böse bunte Schlange,
Die vom Gebüsch die Ferse sticht?
Sie schleicht verderbend auf dem Gange,
Und tretet nie vor's Angesicht.

Ihr Weg ist Mord, allein ganz ungefährdet
Vergiftet sie aus dem Versteck,
Horch, zischend sie im Staube sich geberdet:
O Menschen, schafft das Monstrum weg!

Verschiedenheit ist nöthig

»Ach wären All' von einem Glauben!
Ach gäb's nur eine Sorte Trauben,
Auch gelbe nicht und blaue nicht,
Und gäb's nur einerlei Gedicht –

Und einerlei sei das Gesicht,
Und überall ein dunkel Licht,
Ach, wären All' von einem Glauben
Und gäb's nur eine Sorte Trauben!«

Wahrheit

Der Abend dämmert weich und mild,
Nichts stört des Schweigens Stille,
Da tritt der Mond hervor aus seiner Hülle,
Beleuchtend ein erhabenes Bild.

Die Kokospalme blüht und der Granatbaum brennt
Im frischen menschenhohen Grase,
Ist dies die menschliche Oase,
Wo man nicht Haß, noch Liebe kennt?

Im Schatten eines Palmenhains,
Im weißen Kleid mit langen Haaren
Da kniet die Priesterin von achtzehn Jahren,
Bestrahlt vom Licht des Mondenscheins.

Sie spricht ein wunderbar Gebet,
Horch, was sie leise innig fleht:
»Verbann', was Deine Welt entstellt,
Verbann' die Lüge von der Welt.«

Das Mädchen vom See

Es toben die Wellen des Meeres,
Sie heben ein Weib in die Höh',
Wer bist Du, lichtes Bildnis,
Bist Du das Mädchen vom See?
Ich bin einstmals versunken
Im tiefen Meeresschlund,
Doch wenn die Sonne goldig
Bestrahlt den tiefen Grund,
Dann steig' ich in die Höh':
Denn mir gehört die See.

Des Abends letztes Gold,
Es spiegelt sich im Rhein,
Still kniet das Mägdelein
Am Ufer, wunderhold!

Ihr Haar, so licht wie Gold,
Ihr Aug' so himmelsrein,
Was kniest Du so allein,
Komm Maid, das Wetter grollt!

Still winkt die Jungfrau mir:
»Ein Opfer ruhet hier,
Auf einem Grab' sind wir«;

Lieblosigkeit ist Mord –
Entfliehe diesem Ort',
Doch sprich ein segnend Wort!

Die Spitzen-Klöpplerin im Harz

Im weißen Gewande von Spitzenzeug,
Die Blüthen in braunen Locken,
So sieht man das Bildnis, das schöne Weib,
Dort oben hoch thronen am Brocken.

Was ist Dir denn heut, und was weinest Du Kind?
Ich liebe nur lustige Leute,
Dein Auge ist naß, und Dein Lächeln ist trüb,
Du bist ja so schwermüthig heute. –

Mein Auge ist naß und mein Lächeln ist trüb,
Ich bin, ach, so schwermüthig heute,
Mich plaget ein Leid, ach, ein mächtiges Leid,
Ich hasse den Ballanzug heute.

Ich hasse die Spitzen aus Thränen gewebt,
Drin werden zu Wasser die Freuden,
Ein Wehe, ein Seufzen da drinnen lebt,
Ein Chaos von bittersten Leiden!

Ach, Sternlein dort,
Am Himmelsort,
Du glänzest so alleine
Und scheinest uns so kleine.

Doch sprich, was geht denn dorten vor,
Doch mach' mir keine Wippchen vor,
Ist es denn dort erquicklich?
Und lebt man dorten glücklich?

Ach, Mägdelein
Im grünen Hain,
Du glänzest so alleine
Und scheinest nur so kleine.

Was geht in Deinem Herzen vor,
Doch mach' mir keine Wippchen vor,
Ist es darin erquicklich,
Und lebt sich's drinnen glücklich?

Kalt ist's, eine trockene Kälte,
Aus modernen Burgen schallt
Tadel für das Holz den Heizer
Durch die weiten Säle bald.

Aber in des Armen Hütte
Ist von Tadel keine Spur,
Eingefroren ist das Wasser
Und man weint und zittert nur.

Das Mägdelein

188 Ich traf einmal im fremden Land,
Ein Mägdlein zierlich und gewandt;
»Wo kommst Du her, wo weilest Du?«
»Ich find' im fremden Land nicht Ruh'!«

»Bist Du ein deutsches Mägdelein?
Geboren an dem deutschen Rhein?«
»Mein Vater war ein Kriegersmann,
Die Mutter keine Seide spann!«

»Wie kamst Du in das fremde Land?«
»An eines Fremden falscher Hand.«
»Die Treue wohnt in Deutschland nur;
Von ihr ist hier, ach, keine Spur!«

Ich träumte tausend Lieder
Und alle schön und hold,
Sie hatten blaue Augen
Und Haare licht wie Gold.

Die Welt lag mitten drinnen,
Ein Purpurröslein rein,

Unangehaucht vom Menschen,
Bestrahlt vom Sonnenschein.

Jetzt träum' ich viele Lieder,
Doch all' mit dunklem Haar,
Mit großen dunklen Augen,
Und thränenvoll wohl gar.

Die schattigen Gestalten,
Sie schwanken hin und her,
Wie sturmbewegte Wellen,
Auf sturmbewegtem Meer.

Ihr großen dunklen Augen,
Mit tief und ernstem Blick,
Ihr gleicht an Ernst und Wunder,
Dem tragischen Geschick.

Ihr schattigen Gedanken,
Die Wahrheit Euch verzehrt,
Ihr zeigtet mir im Röslein
Den Wurm, der es zerstört.

Wer einsam kam zu trüber Höhe,
Oft unverstanden angegafft,
Dem rauschet jedes Lüftchen Wehe
Und jedes Blättchen: halte Kraft.

Ja Kraft soll dem die Gottheit geben,
Wer selbstlos nur das Gute will,
Mit seinem Herzblut, seinem Leben,
Und sich verblutet einsam still.

Der Tag so kurz, der Tag so lang,
Die Stunde so froh, die Stunde so bang,
Das Leben so kurz, das Leben so lang,
Die Freude so kurz, ach, und niemals lang.

Seh' ich euch wieder, goldne Sterne,
Hab' euch lange nicht gesehn,
Wußt' euch freilich in der Ferne
Unsichtbar am Himmel steh'n!

Es hat uns Gott gegeben
Das menschliche Gefühl,
Der Tugend nachzustreben,
Sei unser Lebensziel.
Barmherzigkeit zu üben,
Das sei das Losungswort,
Die Menschen all' zu lieben,
An jedem, jedem Ort.

Die Nachtigall und die Katze

192 Die Nachtigall sie schlaget
In Blitz und Donner fort,
So lang' ein Baum noch stehet,
Bleibt jubelnd sie am Ort.

Sie jauchzet auf am Morgen,
Sie liebt das Tageslicht,
Doch Katzen, ihre Feinde,
Vertragen solches nicht.

Die Katze webt im Dunkeln
Ist Königin der Nacht,
Doch Nachtigall trotzt singend
Nächtlich der finstern Macht.

Die Dichter alle dichten,
Trotz Nacht, Verrat und Spott,
Inmitten ihrer Feinde
Ruhig getrost auf Gott!

Von jedem Platz der Erde,
Von dem er nicht verbannt,
Hat stets der wahre Dichter
Sein Veto ausgesandt.

Und Beide, Beide hören
Zu singen niemals auf:
Ihr Katzen und Philister,
Mein Ehrenwort darauf!

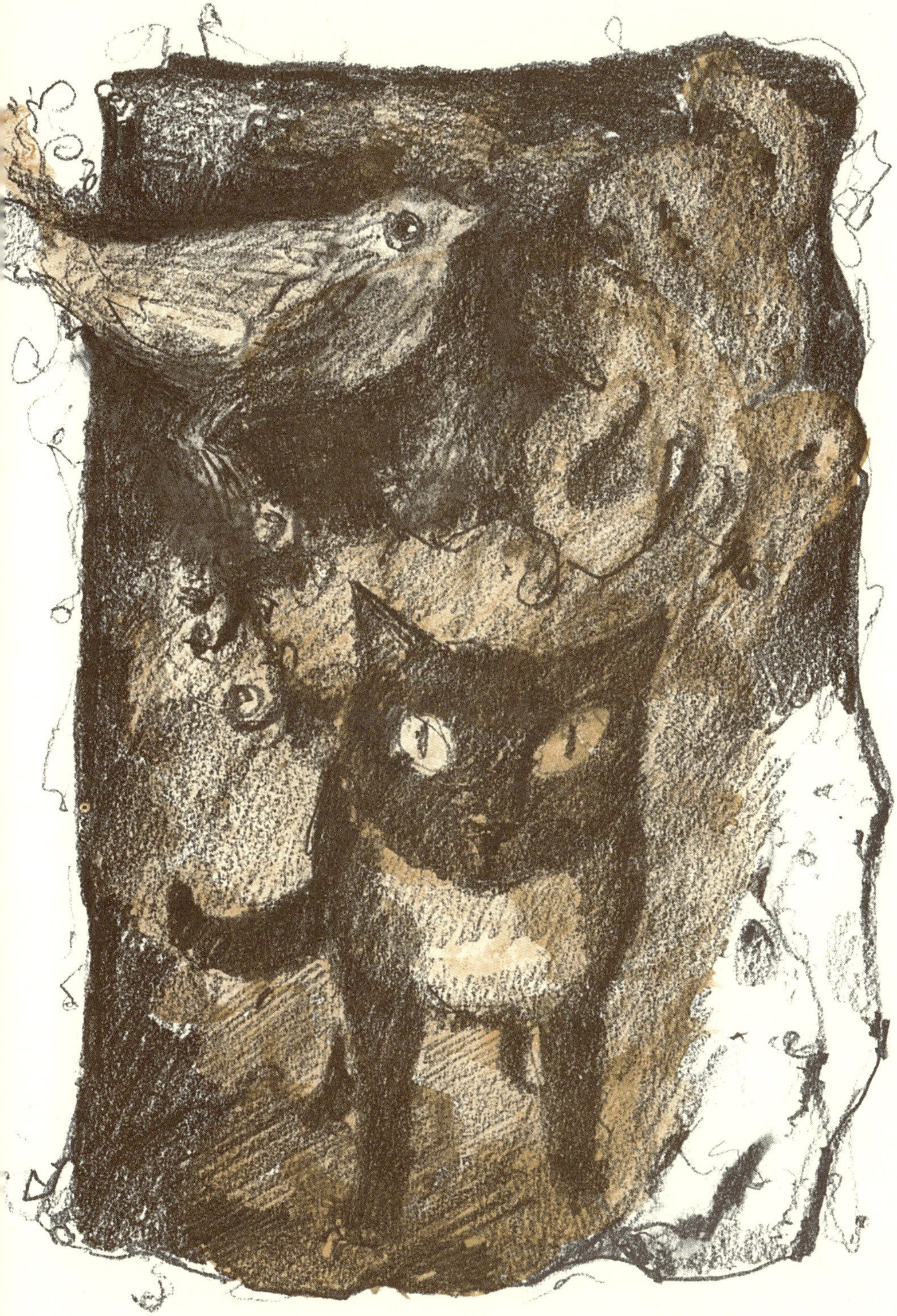

Der Thierbändiger

Des Thierbändigers Bude ist drückend voll,
Die Menge lauscht lautlos andächtig schier,
Da tritt zornig herein das Pantherthier,
Und stattlich der Löwe und würdevoll,
Und mit grausigen Tönen dicht hinterdrein
Zwei schwarze Hyänen hinein in die Reih'n.

Des Bändigers Tochter von hoher Figur,
Von lieblich rundem, rosigem Gesicht
Von glänzend hellbraunem Augenlicht,
Das schwarze Köpfchen in Mannesfrisur,
Betritt grüßend den Kreis, im Miederchen nett,
Um schneeige Schultern und lächelt kokett.

Johanna, gewappnet mit festem Blick,
Schwingt behend' sich hinauf auf den Leu,
Mit sanftem Muth und mit selt'ner Treu
Erträgt sie das königliche Genick,
Stolz kreuzt sie die Arme und lächelt dabei
Und die Menge lohnt ihr mit Bravogeschrei.

Die Jungfrau steigt ab und mit Heldenmuth
fährt in des Panthers Rachen ihr Arm,
Drinn braust's gewaltig wie Bienenschwarm
Und wilder tobt es in Heißhungers Gluth,
Sie reicht ihm das Becken mit Blut gefüllt
Und gierig, doch langsam den Durst er nun stillt.

Inzwischen sieht man die Königin der Wuth
Gefräßig, schnaubend, spähen ringsum,

Das Mädchen bieget den Nacken krumm,
Und hinten hinauf steigt die wilde Brut:
Den Mörder am Halse, sie lächelt dabei,
Und die Menge lohnt ihr mit Bravogeschrei.

Die zweite Hyäne eilt nun hinan,
Die erste klettert rückwärts hinab,
Johanna Beiden die Fütterung gab,
Ihr strahlender Blick, er hält sie in Bann.
Und dankend entflieht sie dem stürm'schen Applaus,
Der Bändiger führet die Thiere hinaus.

Hierauf tritt herein das gehörnte Pferd,
Das seltsam geformte, seltene Gnu
Und leicht hüpft herein das Känguruh.
Ein »Ach« des Staunens im Kreise man hört,
Denn des Känguruh's seitwärts laufender Sprung
Erregt die allgemeinste Bewunderung.

Der Bändiger führt nun auch Affen hinein,
Die Thiere ledig der keuschen Scham,
Die Menge es demüthigend überkam
Beim Schattenbilde vom menschlichen Sein –
Die thörichten Knaben nur jubeln dazu,
Der Bändiger benennet die Thiere im Nu.

»Ich sparte,« ruft laut er, »trotz niederm Preis,
»Was am meisten die Augen ergötzt,
»Das Allerschönste Euch auf, auf zuletzt; –
»Johanna, getrocknet schon ist Dein Schweiß,
»Wir zeigen nun endlich die zwanzig Fuß lange
»Und hundert Pfund schwere Riesenschlange.«

Und siehe, man treibt aus dem Seitenstall
Hinaus ein schneeweißes junges Lamm,
Ach, zaghaft das Auge in Thränen ihm schwamm,
Doch vorwärts dröhnt ihm der Peitsche Geknall.
Das Lämmchen, daß heute zum Tode bestimmt,
Die Unschuld zu retten, kein Mensch unternimmt.

Nun trägt man hinein die riesige List,
Mit Kraft und Schönheit herrlich geschmückt,
Und drohend und schlau sie rings um sich blickt,
Und aus der Menge ertönet ein lautes Pst!
Johanna daneben, sie lächelt dabei
Und zeigt' ihrer Zähne hell glänzende Reih'.

Die prächtige Riesin, sie wendet sich um,
Raubgierig spähend und unheilvoll,
Man sah, wie im Kopfe das Blut ihr schwoll,
Und windet sich um das Mädchen herum.
Die männliche Jungfrau, sie lächelt dabei,
Und die Menge lohnt ihr mit Bravogeschrei.

Nun holt sie das Lamm, das niedliche Thier,
Hält's geschickt vor ihr hin in der Hand,
Die Schlange blickt glühend unverwandt
Und zischend hascht sie darnach mit Begier,
Da zittert das Mädchen, das Antlitz entstellt,
Das Haar sich ihr sträubt, und das Lamm ihr entfällt.

Schnell will sie's erhaschen, den Kopf sie senkt,
Doch im Zug sich das Unthier befand,
Ein Nu, ein Schrei, das Köpfchen verschwand,
Und die schöne Gestalt am Rachen hängt.

Noch hebt sich die Brust, noch zuckt es darin,
Und dem starren Vater läuft's wild durch den Sinn.

Er zieht ein Therzerol, er feuert es los
Rasch in den giftigen Schlund hinein,
Die Tochter will er vom Fraße befrein.
Und richtig er traf, denn richtig er schoß:
Es wälzt sich in schwärzlichen Strömen von Blut,
In schäumenden Geiser die furchtbare Brut.

Nun öffnet der Bändiger den riesigen Mund,
Sein stierer Blick sprüht funkelnden Glanz,
Johanna ist todt, doch sie ist ganz,
Nur rund um den Hals, da ist es wie wund.
Die grausame Schlange nahm langsam sich Zeit,
Fast schien's, als thät's um die Jungfrau ihr leid.

Der Bändiger blickt scheu im Kreise herum
Da dringt kein einziger Laut an sein Ohr
Die Menge sich fühllos längst verlor,
Und im Bretterzelt ist's entsetzlich stumm,
Der Mond durch die Spalten bescheinet darin
Den Thierbändiger zu Füßen der Thierbändigerin.

Ich ritt auf einem Pferde,
Den grünen Wald entlang
Voll Blüthen war die Erde,
Ich rasch hinunter sprang.

Vor mir auf grüner Aue,
Viel hundert Vögelein,
So hübsche, kleine graue,
Mit schwarzen Äugelein.

Ihr singet goldene Lieder,
Nach Mozart'scher Manier,
Seid Ihr denn alle Brüder,
Daß Ihr versammelt hier?

Die Antwort lautet leise:
»Wir sind nur gleichgesinnt,
Haß ist der Brüder Weise
Einfältig Menschenkind.«

Sieh, es grünt an allen Hecken,
Und auf allen Ländereien,
Und es tummeln sich die Gecken
In des Frühlings Sonnenschein!

Nachtigallen singen, flöten,
Lerchen steigen jubelnd auf,
Doch die Frösche und die Kröten
Hemmen der Begeist'rung Lauf!

Hast Du darum mich verstoßen,
Weil ich Deinen Eltern fern?
Schau, ein unbekannter, fremder,
Aber glänzend heller Stern.

Oder hast Du mich verstoßen,
Weil Entsagen Dir 'ne Lust?
Ewig wird Dich Lügen strafen
Deine lebenswarme Brust.

Antwort

Es geschah aus andrem Grunde,
Weil für mich ich niemals Zeit,
Sieh, das Leben währt 'ne Stunde,
Warte bis zur Ewigkeit.

Aus dem Dunkel bricht das Licht,
Neu erstrahlet mir die Welt,
Und verstoßen bin ich nicht,
Gott, aus Deines Lichtes Zelt.

Welche Wonne, welches Glück,
Welcher Jubel kehrt zurück!
Einzig Glück wohnt nur im Licht,
Gott, ich lese ein Gedicht.

Gretchen

Mädchenthränen,
Schmerzlich Sehnen,
Perlen aus des Himmels Thau,
Werden weiß und werden grau.

Einer Seele weiches Sehnen,
Eines Herzens schmerzlich Dehnen,
Hui, das ist so warm und kalt
Wie gespenstische Gestalt.

Eisig schmückt es alle Wände,
Starr und freudlos alle Hände,
Alles schweigend, alles stumm,
Nur der Böse geht herum.

Weiße Blüthen, grüne Zweige,
Unschuld, Güte fesselt mich,
Sicher leiten eure Steige,
Abseits geht es fürchterlich.

Ich meint' es rechtschaffen und ehrlich,
Doch zu mir selber nicht gut –
Mit jeglichem Wesen viel besser –
Und schrieb meine Verse mit Blut.

Ein Meer von Balsam ist die Zeit,
Was hat sie Alles nicht geheilt!
Die falschen und die wahren Schmerzen,
Die man zu schaffen sich beeilt.

Rosenbüsche, dunkle Haine,
Duftig blühende Sinnlichkeit,
Nennest niemals mich die Deine,
Falsch ist Deine Süßigkeit.

Deine Stürme, Deine Wogen,
Deine ahnungsschwere Lust,
Sicher haben sie betrogen
Manche unschuldsvolle Brust.

Ja, ja, es kommt noch nach,
Das Schöne kommt noch nach,
Es rufen Freudentöne
Die Herzenslust Dir wach.

Ja, ja, es kommt das Gute,
Das Gute kommt noch nach,
Die Tugend mit dem Muthe,
Sie ruft das Rechte wach.

Ja, ja, es kommt der Glaube,
Auch er, er kommt noch nach,
Er ruft dem Sohn vom Staube
Einst das Gewissen wach!

Sei Dir Alles gleich, mein Kind,
's ist ja alles gleich,
Jedes Ding vergeht geschwind
In dem flüchtigen Reich.

Freud und Leiden, Schmerz und Glück,
Eis und Schnee und Sonnenblick,
Alles trifft ja ein Geschick,
Kommt auf eins zurück. –

Inn'res Glück nur wechselt nie,
Das Bewußtsein bleibt,
Ewig gleich der Poesie
Seine Blüthen treibt.

Bittrer als der Tod ist Leben,
Wenn ein stolzes Herz verletzt, –
Sieh', die Furien sich erheben,
Deren Stahl die Hölle wetzt.

O, Der kennt die Seelen wenig,
Der die besten stille schmäht,
Sah man jemals einen König
Der um Schwarzbrot betteln geht?

In dem lichten Sonnenglanze,
Wandelnd durch das Leben hin,
Schaffend, wirkend für das Ganze,
Treu mit heißem, festen Sinn.

Wer für jedes Glied des Ganzen,
Gerne gäb' sein Herzensblut,
Liebend, selbst das Thier, die Pflanzen,
Dessen Herz ist rein und gut.

Bittrer als der Tod ist Leben,
Wenn ein solches Herz verletzt,
Sieh' die Furien sich erheben,
Deren Stahl die Hölle wetzt.

O, Der kennt die Seelen wenig,
Der die besten wagt zu schmähn,
Sah man jemals einen König,
Einen König betteln gehn!

Mir träumte, daß ich stund
An eines Teiches Grund,
Und sieh', mein Mutterlieb,
Es schaute drinn so trüb'.

»Was machst so trüb Gesicht« –
Fragt ich, »ich fass' es nicht.«
»Bist gut«, – sprach sie, – »mein Kind,
Weißt nicht, wie bös' sie sind; –

Du faßt das Böse nicht,
D'rum mach' ich trüb' Gesicht.«
So sprach mein Mutterlieb
Und ich erwachte trüb'.

Der Sieg des Geistes

Hast Du den Schmerz schon einst empfunden,
Den Seelenschmerz, der tief im Innern nagt,
Und hast in diesen trüben Stunden
Du nie und nimmermehr trostlos verzagt?

Auch bei des Körpers großen Leiden,
Wenn Grauen schon Dein Aug' bedeckt,
Du fühlst das Leben von Dir scheiden
Und bist auch dann nicht aufgeschreckt?

Wohl Dir, du bist nicht überwunden,
Es endet alles Erdenleid,
Glück auf! Es nahen bessere Stunden,
Und Du erhältst für Alles einst Bescheid.

Bescheid vom ewigen Richter droben,
Wofür Du Edler denn gelitten hast. –
Es höret auf des Herzens Toben,
Weg ist sie, die schwere Sorgenlast.

Der Geist ist Sieger, er sieht heiter,
Ja, sieht mit froh' und unumwölkten Blick
Auf die Vergangenheit zurück,
Und schreitet ewig immer weiter.

Elisabeth

Aus jenem Troß von Königinnen
Ragt hoch empor Dein tugendhaftes Sein,
Den Glanz der Throne kann das Haupt entbehren,
Doch nie der Tugend Heiligenschein.

Dem König brach das Herz, in Dir gefunden
Hat er o, eine Welt voll Herrlichkeit,
Hat ihn des Undanks Pfeil auch tief getroffen,
In Dir versöhnte ihn die höhere Menschlichkeit.

Sonnenuntergang und Aufgang

Ein Sonnenuntergang, der Untergang 207
Desjenigen Volk's, das einst so hoch gestrahlt,
Siehst du die Streifen, purpurroth und lang,
Den jeder Untergang am Himmel malt –

Al fresco, blutig halb, halb rosenroth,
Als zögen Schmerz und Unschuld Hand in Hand –
Ein stürmisch Leben, ein erhabner Tod –
Ein siegreich Dulden, das nichts überwand.

Welch großes Bild! im Hintergrunde Tag,
Im Vordergrunde tiefe Nacht man sieht,
Ein Volk, das tief im Staube kniet –
Hoch über seinem Haupt die Prüfung lag –

Und Thränen, Dornen, Ketten allerart –
Und harte, gift'ge Zungen lauern dort –
Und Herzen, ihnen gegenüber, hart
Wie Stein, und wie der stille Mord.

Und Angst und jähe Flucht und bleiche Noth
Mit tausend Schrecken, Qualen, wechseln ab,
– Ein Schatten-Leben und ein rascher Tod, –
In düstern Flammen-, frischem Wellengrab.

Das Volk sieht lange sich die Prüfung an:
Das Unglück, wie es leibt und lebt und stirbt,
Und wie es, demüthig auf steilem Pfad hinan,
Um einen kalten Blick des Mitleids wirbt!

Im Vordergrunde Nacht – im Herzen Licht,
Im Herzen jenes Morgenroth
Des Glaubens und der Zuversicht –
Erhaben über Finsternis und Tod –

Sie überdauernd, überdauernd Raum und Zeit,
Sie umgestaltend in den ew'gen Tag –
Sie umgestaltend in Unsterblichkeit:
Das gläub'ge Volk hofft es bei jedem Schlag;

Das Volk sieht in den Abgrund tief hinab,
Und ruft: ich werde leben! Gott mit mir!
Geb't mir zur Reise um die Welt den Stab –
Den Glauben – ihn allein nehm ich mit mir.

Und überall verkünd' ich Gottes Wort,
Ein Weltalls-Prediger bewährt durch That,
Als Glaubensbild weil' ich an jedem Ort,
Ein Gotteslehrer, und – der Völker Rath.

Hier steht das Mißgeschick, doch dicht der Glaube,
Dort steht das irdsche Glück, mit ihm das Nichts –
Hier bist Du jedem irdischen Schmerz zum Raube,
Allein Du bleibst ein Sohn des ew'gen Lichts –!

So rief ein Engel unter Lorbeerzweigen
Und zeigte nochmals Tag und Nacht zugleich,
Und todesmuthig sie die Häupter neigen,
Und rufen laut: wir wählen ew'ges Reich.

Gedicht ohne r

Wie viel Licht im Sonnenball,
Wie viel Staub im Weltenall,
Wie viel Staub und wie viel Sand
Giebt's nicht schon im Heimathland!
Wie viel hohes, schönes Licht
Hat's im deutschen Lande nicht!
Wie viel Angst in Blitzes Schein,
Wie viel Lust im Glase Wein!
Doch ganz komisch ging man um,
Alles schaffend, meistens stumm; –

Blos den Menschen ausgenommen,
Lebt sonst Alles still beklommen,
Dem Menschen allein die Kunst man gab
Zu zählen all' sein Gut und Hab',
Zu sagen wie's und was ihm thut,
Und wie ihm jetzt und je zu Muth:
Wenn ihn die Habsucht voll gefüllt,
Und wenn die heiße Sucht gestillt!
Wie wonneathmend das Gefühl,
Wenn nah' man einem hohen Ziel.

Kühn Manche, dies in's Auge nehmen,
Ohn' des Mißlingens sich zu schämen,
Weil edle Pflanzen oft eingehen,
Wenn sie auf sand'gem Boden stehen! –
Ja, all' dies ist Jenen nicht gegönnt,

Die man nach uns Geschöpfe Gottes nennt:
Das edle Wild kann es nicht sagen,
Wie Jagd und Hunde ihm behagen,
Und wenn man den Hals des Fisches sticht,
Denkt man, die Fische empfinden's nicht!

Ei, sehet doch, wie doppelt unbillig,
Die Fische zucken ja, doch böswillig,
Will man sie dennoch gefühllos nennen,
Weil sie nicht seufzen und klagen können;
Und so geht's bis zum Elephanten hin,
Still behält es den unabhängigen Sinn,
Das gute, weiße, edle Vieh,
Denn Sklavendienst beugt seine Weisheit nie,
Stolz denkt es an das heimathlich Gebiet,
Sanft duldend, was im Ausland ihm geschieht.

Aus all diesem ziehe ich den Schluß,
Daß die Sagekunst man haben muß,
Nicht um zu klagen stets Leid und Weh',
Da ich Elephanten standhaft seh';
(Und ach, wie langweilig ist man,
Wenn man niemals von sich schweigen kann;)
Deshalb denk' ich lediglich alsdann,
Wenn man etwas sagt, was nützen kann,
Was man weise nennt, und Edles denkt,
Wenn man dies dem Geist des Nächsten schenkt.

Böses so zum Besten wendet:
Wenn dann die Lippe niemals endet,
Sie hat sich damit nicht geschändet,

Dazu hat sie ein Gott gespendet;
Daß das Aug', das Wahn geblendet,
Sich dem hellen Tag zuwendet;
Seelen schwachen, schon im Sinken,
Heil und Hoffnung zuzuwinken!
Und die Besten und Gescheidten,
Mit den edlen Geistesgaben,
Die zu thun im Sinne haben,
An die Thaten zu gewöhnen,
An die guten, menschlich schönen;
Ja, und mächtig hohen Seelen,
Die Gott Lob auch niemals fehlen,
Zu dem Höchsten zu geleiten!

Auf meinen am 15. November 1890 dahingegangenen Papagei

Allgeliebter Vogel Du,
Gingest auch zur ewigen Ruh
Liebenswürdig, zahm und zart
Und von selten geistiger Art!

Warst mir zweiundzwanzig Jahr,
Was kein Anderer mir war,
Steter Freund, ach lebenslang,
Nehme meinen heißen Dank.

Mancher hat Dich arg betrübt,
Weil Du allgemein beliebt,

Gönnte diesen Trost mir nicht,
– Das ist Wahrheit im Gedicht –

Nochmals Dank für Deine Treu!
Lebe dorten auf, auf's Neu –
Jeder Geist er lebet fort
Glücklich sei an jedem Ort!

An denselben

Den ersten Gruß am Morgen
Empfing ich stets von Dir,
Und Herz und Geist und Seele
Lag in dem Ton zu mir.

Du wirst mir immer fehlen,
Stets bange bleibts nach Dir
Du süßer Jakob, Kobusch
Bleibst unvergessen hier.

Seit zweiundzwanzig Jahren
Seit meiner Mutter Tod
Warst Du mein treu' Gefährte
In Freude, Schmerz und Noth!

Du bist nicht fortgewichen
Von ihrem Totenbett
Und warst Dein ganzes Leben
Stets geistvoll, klug und nett.

Du wirst mir immer fehlen
Stets bange bleibt's nach Dir
Du süßer Jakob, Kobusch
Bleibst unvergessen hier.

Und mehr warst Du beweinet,
Als mancher Mensch vor Dir
O, Koberle, o Jakob
Bleibst unvergeßlich mir.

Eine Blume ist gebrochen,
Hier für immerdar, –
Und die edle Fürstin zählte
Vierundzwanzig Jahr.

Wer des Lebens Glück gekostet,
Und dann rasch entflieht,
Kennt nicht seine Dissonanzen,
Hörte nur sein Lied.

Und mich dünkt, in solcher Jugend
Enden leichter sei,
Wie die Töne leicht sich lösen
Einer Melodei.

Nach dem Gesetz über
die Pensionirung der Arbeiter

Das Echo schall' es weit
Es tagt Gerechtigkeit
Es lauschet Menschlichkeit:
Kommt eine bessere Zeit?

Ob Noth und Elend flieht
Aus mächtigstem Gebiet.
Es war ein Hohenzollernwort, –
Und Kaiser Friedrich freut sich dort.

Welch' Schreckenstille herrschet hier,
Bin ich allein, ich bin allein!
Entsetzen, ach, ein Grauen schier
Erfaßt mich, so allein zu sein. –

Du nahmst mir Viel, fast räthselhaft
Ist des Geschickes Grausamkeit,
Beeil dich, Mut, beeil dich, Kraft,
Zu kürzen mir die öde Zeit.

Der Menschheit Traum – die Kunst – verhindert hin –
Nichts als des Daseins anspruchsvoller Sinn!
Doch halt, doch nein; das Größte ist bei Dir:
Gott ist, ist überall, und ist auch hier.

Prall nicht an, prall nicht an,
Steine giebt es überall,
Und man kann, und man kann
Haben einen bösen Fall;

Stoß nicht an, stoß nicht an,
Böse Menschen giebt es viel,
Und man kann, und man kann
Kommen in ein böses Spiel;

Halt zurück, halt zurück
Deine Meinung, deinen Blick
Und die Klugheit, und das Glück
Leiten weise dein Geschick.

Wanderlied

Thüre auf, Thüre zu,
Niemals Rast, niemals Ruh',
Schöne Damen, liebe Herr'n
Kaufet freundlich, kaufet gern,
Brauch's auf Brot, und brauch's auf Bier,
Und das gönnt ihr sicher mir.

Thüre auf, Thüre zu,
Niemals Rast, niemals Ruh,
In der Kälte, in der Glut,

Keiner meiner Füße ruht,
Such' am Heerde einen Platz,
Finde keinen, keinen Schatz.

Schöne Damen, liebe Herr'n
Kaufet freundlich, kaufet gern,
Komm aus fernem Lande her
Und dem Fremdling wird's so schwer:
Thüre auf, Thüre zu
Niemals Rast, niemals Ruh'.

Der Goldfischer

Am Rande des Meeres
Am Rande der Flut,
Da weilet der Knabe,
Gar freundlich und gut;

Er stahl seinem Vater
Die Goldfischlein fein
Und wirfet sie wieder
Ins Meer hinein.

Der Vater, er jaget
Dem Ufer entlang,
Da wird, ach, dem Knaben
So ängstlich und bang;

Er fürchtet den Vater,
Es sinkt ihm der Muth,
Fast möchte er lieber
Hinab in die Flut.

Da färbt sich das Wasser,
Wird schwarz und wird grün
Und weiße Gespenster
Darüber hinziehn;

Die Tiefe, sie donnert,
Der Abgrund geht auf
Die Fluten beginnen,
Den rasenden Lauf.

Sie stoßen den Knaben
Den Goldfischlein nach:
Das rufet des Vaters
Gewissen erst wach.

Inhalt

Gedichtanfänge in Kursiv, Gedichttitel in geradestehender Schrift

Dieser Ausgabe liegt der 1891 im Verlag von Karl Siegismund, Berlin erschienene Band ›Gedichte von Friederike Kempner‹, sechste vermehrte Auflage, zugrunde. Das gilt auch für Orthographie und Interpunktion. Der Titel wurde in Anlehnung an das Gedicht ›Ihr wißt schon, wen ich meine‹ gewählt.

Folgende Gedichte wurden in die vorliegende Ausgabe nicht mit aufgenommen: An den Kaiser Friedrich, An denselben, An L. zu P. August Bökh, Ausdauer, Das Burschenlied, Dem Kaiser Wilhelm I., Dem kleinen Prinzen B. von C. zum Geburtstage, Eine Mitternacht in Tyrol, Es stimmen meines Herzens Saiten für Ostpreußen, Gebet, Gemälde, Herzog Georg Bernhard, Meiner Schwester Luise zum Geburtstage, Nach Sedan an den Kaiser Wilhelm I., O gieb mir Laut und Stimme, Phantasie, Das Röselein, Die Tscherkessen, Ufergemälde, Vor Nees von Esenbecks Bildniß, Zu einem Gemälde Kaiser Friedrich des Dritten, Der Zustand der Gesellschaft.

Gesamtausstattung Heinz Richter, Hanau-Steinheim
Herstellung Grit Fischer, Frankfurt am Main
Papier OP Daunendruck, 110 g/qm der Papierfabrik Scheufelen, Lenningen
Schrift Worcester Round, gesetzt auf CRTronic
Satz Fotosatz Hoffmann, Messel
Druck Paul Robert Wilk, Friedrichsdorf
Bindung Wilhelm Osswald & Co., Neustadt an der Weinstraße
Printed in Germany 1982
ISBN 3 7632 2727 x